本书为2017年度湖南省教育厅优秀青年课题"农村小学体育教师职业延迟满足与工作满意度的关系"(课题编号:17B058)的成果

U0554379

农村小学体育教师
职业延迟满足与工作满意度研究

李梦龙◎著

经济管理出版社
ECONOMY & MANAGEMENT PUBLISHING HOUSE

图书在版编目（CIP）数据

农村小学体育教师职业延迟满足与工作满意度研究/李梦龙著 . —北京：经济管理
出版社，2018.12

ISBN 978 - 7 - 5096 - 6286 - 1

Ⅰ.①农…　Ⅱ.①李…　Ⅲ.①农村学校—小学教师—体育教师—师资培养—研究
Ⅳ.①G625.1

中国版本图书馆 CIP 数据核字（2018）第 294137 号

组稿编辑：何　蒂
责任编辑：何　蒂　丁凤珠
责任印制：黄章平
责任校对：董杉珊

出版发行：经济管理出版社
　　　　　（北京市海淀区北蜂窝 8 号中雅大厦 A 座 11 层　100038）
网　　址：www. E - mp. com. cn
电　　话：（010）51915602
印　　刷：北京玺诚印务有限公司
经　　销：新华书店
开　　本：720mm×1000mm/16
印　　张：12.25
字　　数：200 千字
版　　次：2019 年 5 月第 1 版　　2019 年 5 月第 1 次印刷
书　　号：ISBN 978 - 7 - 5096 - 6286 - 1
定　　价：45.00 元

前　言

　　习近平同志指出：教育是对中华民族伟大复兴具有决定性意义的事业。教师是"立教之本、兴教之源"，在十九大报告中，习近平总书记明确指出"必须把教育事业放在优先位置，高度重视农村义务教育"。农村教师对于农村教育的改革与可持续发展、全民族素质的提高、农村社会经济的发展等，起着至关重要的作用。农村体育教师是发展农村教育的重要组成部分，在对学生实施健康教育，增强学生的身心健康，促进学生全面发展等方面起着至关重要的作用，是农村学校体育事业的关键。国务院办公厅印发的《关于强化学校体育促进学生身心健康全面发展的意见》指出："加强体育教师队伍建设，是提升学校体育保障水平的重点任务之一"。虽然党和政府长期致力于加强农村教师队伍建设，然而，当前农村小学体育教师仍存在着"下不去、留不住、教不好"等瓶颈问题，阻碍了农村义务教育的发展与农村学校体育的推动。据相关调查显示，2010～2013年间，全国农村在校教师减少了142.51万人，仅仅三年时间，农村教师流失率达到30%。我国的农村基础教育的问题在哪里？工作满意度与教师的心理健康、工作投入、缺勤情况、工作失误、离职意向、职业倦怠等有着密切的联系，对于当前农村教师中存在的问题有较好的解释作用，然后当前对于农村小学体育教师工作满意度的关注并不够，这与中央大力发展农村学校体育的目标极不相符。

　　延迟满足是个体自我控制的核心成分和最重要的技能、社会化和情绪调节的重要成分，也是个体社会化和自我发展的重要目标，更是伴随人终生的一种基本的社会能力和积极的人格变量。延迟满足对个人性格的发展至关重要，幼儿是否能做到延迟满足，可以有效地预测其未来认知、社交、情感、个人品质等各方面的表现。延迟满足的概念不断深化与拓展，逐步延伸到职业领域，便形成了职业延迟满足（Vocational Delay of Gratification）这一概念，毋庸置疑，职业延迟满足是一个对我们职业生涯发展有重要影响的课题。譬如，在职业生涯中，我们难免会遇上"矛盾"或"两难选择"。工作抉择时，是选择安逸稳定工作还是自己投资创业？工作中是急功近利，还是脚踏实地，为未来规划持之以恒？职业延迟满足能解释一些知识水平和能力素质不相上下的人，经过多年的职业发展以后，在职业领域却取得大相径庭的成绩。香港学者黄蕴智[10]指出，"延迟满足能力之先决条件及发展可能性如何，是当代中国人心理发展的一个关键，亦可能是现代化成败的一个关键"，"延迟满足是一个值得在中国各地开展的研究计划"。张萌和张积家[46]认为："在知识经济时代，实现职业生涯成功的难度在加大。人生是长跑，人们需要做好延迟满足的准备。从管理的角度来看，无论组织或个人，着眼长远发展，从延迟满足的角度出发都是不可或缺的。"

目前针对教师特别是农村体育教师职业延迟满足和工作满意度的研究仍然十分匮乏，也不够深入，整合性的研究都还基本空白。目前的研究成果还未解决的问题是：①职业延迟满足与工作满意度是不是简单的线性关系？②是否存在影响两者关系的中介变量？③是否存在影响两者关系的调节变量？④两者关系是否具有行业的特殊性？对这些未解决的问题的深入探讨应当是我们下一步研究的方向。基于此，本研究以农村小学体育教师这一样本为例，对农村小学体育教师职业延迟满足与工作满意度的现状与特征进行调查分析，并探讨两者之间的关系及中介变量和调节变量在两者关系中的作用进行深入的研究，探讨职业延迟满足对工作满意度的影响及其作用机制。探寻目前相关研究还未解决的几个问题的答案，并期望通过此次研究推进职业延迟满足研究的深度与广度，引起学术界和教育界对职业延迟满足和农村教师工作满意度的关注，并为学校和教育主管部门制定相关的政策提供理论依据与支持。

目　录

第一章 绪 论

一、问题的提出

  1911 年，精神分析学大师弗洛伊德（Freud）在对儿童的实验研究中发现了延迟满足（Delay of Gratification）的现象，他认为延迟满足能力是幼儿自我控制能力的一种，当直接满足发生延迟或者阻碍时，个体对实际上暂时不存在，但以后可能获得的奖励对象产生"幻想"，用这种方式来缓和或者消除由延迟满足带来的焦虑和紧张，从而调节与控制当前的行为[1]。1974 年，美国斯坦福大学社会心理学家 Mischel 通过儿童对糖果延迟满足的经典实验正式提出延迟满足这一概念，并做出明确的界定[2]：延迟满足是一种心理成熟的表现，是一种甘愿为更有价值的长远结果而放弃即时满足的抉择取向以及在等待中展示出的自我控制能力。随后 Mischel 等通过分析面向未来的自我控制的类型及其背后的心理过程，发现自我控制的持久个体差异早在学龄前就已经出现。在实验中表现出高延迟满足的 4 岁儿童在成长至青少年时期后，具有更强的认知能力和社会能力，更好的忍受挫折和压力的能力，并能获得更高的学业成就。在同一研究计划中的实验也确定了特定的认知和注意过程，以便在发展过程中尽早进行有效的自我调节。实验结果确定了特定类型的学龄前延迟满足的诊断，用于预测成年以后的认知和社交能力。这一研究成果在 *Science* 杂志上进行报道[3]，从此以后，学术界对"延迟满足"的研究热情一直高涨不下，并逐渐向其他领域拓展。目前延迟满足已经成为积极心理学的一个重要概念，研究者们认为延迟满足不仅是个体自我控制的核心成分和最重要的技能、社会化与情绪调节的重要成分，它还是个体社会化和自我发展的重要目标，更是伴随人终生的一种基本的社会能力和积极的人格变量。追本溯源，孔子在《论语·子路》中所道"无欲速，无见小利。欲速，则不达，见小利，则大事不成"与延迟满足的观点有异曲同工之处[4]。

延迟满足对个人性格的发展至关重要，幼儿是否能做到延迟满足，可以有效地预测其未来认知、社交、情感、个人品质等各方面的表现。Mischel[5]的跟踪研究分别发现，幼时表现出良好自我延迟满足能力的个体，他们的成绩相对更高，在长大后都有较强的自制能力，能自我肯定，充满信心，能更好地面对困难、挫折、诱惑，处理问题的能力强、坚强、乐于接受挑战；而选择即时满足的孩子，则表现为犹豫不定、多疑、妒忌、神经质、好惹是非、任性、顶不住挫折，自尊心易受伤害。在后来几十年的观察中，也发现那些有耐心等待的孩子，事业上更容易获得成功，更不容易在困难面前低头。缺乏延迟满足能力的孩子，常被认为难以控制自己的情绪，易发脾气，通过吵闹来达到目的，易养成性格急躁、自我中心、不善等待、不懂珍惜、不会感恩等不良品行。总之，延迟满足与自我控制、自我韧力、注意力集中等个性品质有密切的关系[6]。个体的延迟满足能力发展是社会化的一个重要目标，是预示个体成熟、社会适应、健康发展的一种人格变量[7]。目前延迟满足已经成为积极心理学的一个重要概念，被认为是反映个体在面临种种诱惑时能否控制自己的即时冲动，而专注于更有价值的长远目标的能力[8]。它不仅是个体自我控制的核心成分和最重要的技能、社会化和情绪调节的重要成分，还是个体社会化和自我发展的重要目标，更是伴随人终生的一种基本的社会能力和积极的人格变量[5,8,9]。延迟满足对个人和社会的发展具有重要意义，香港学者黄蕴智[10]亦指出："延迟满足能力之先决条件及发展可能性如何，是当代中国人心理发展的一个关键，亦可能是现代化成败的一个关键""延迟满足是一个值得在中国各地开展的研究计划"。

职业延迟满足（Vocational Delay of Gratification）是延迟满足概念在职业领域的深化与发展，是指个体为了更好地完成工作任务、更多地获得利益回报、达到更高的职业目标等一系列更有价值的长远结果，而甘愿放弃休息、娱乐或冲动行为等无利于当前工作的即时满足机会的自我调控能力[11]。毋庸置疑，职业延迟满足是一个对我们职业生涯发展有重要影响的课题[9,12]。譬如，在职业生涯中，我们难免会遇上"矛盾"或"两难选择"。工作抉择时，是选择安逸稳定工作还是自己投资创业？工作中是急功近利，还是脚踏实地，为未来规划持之以恒？职业延迟满足能解释一些知识水平和能力素质不相上下的人，经过多年的职业发展以后，在职业领域却取得大相径庭的成绩[9,12]。随着对职业延迟满足的不断深入研究，已有研究证实职业延迟满足对于企业员工的职业承诺、工作满意度、敬业度、职业成功、自我职业生涯管理等有积极作用[13-16]，也对负性情绪（焦虑和抑郁）有较好的缓解作用[17]。

教师是"立教之本、兴教之源"，在十九大报告中，习近平总书记明确指出，"必须把教育事业放在优先位置，高度重视农村义务教育"[18]。农村教师对于农村教育的改革与可持续发展、全民族素质的提高、农村社会经济的发展等，起着至关重要的作用。农村体育教师是发展农村教育的重要组成部分，在对学生实施健康教育，增强学生的身心健康，促进学生全面发展等方面起至关重要的作用，是农村学校体育事业的关键[19-21]。国务院办公厅印发的《关于强化学校体育促进学生身心健康全面发展的意见》（2016）指出："加强体育教师队伍建设，是提升学校体育保障水平的重点任务之一"[22]。虽然党和政府长期致力于加强农村教师队伍建设，然而，当前农村小学体育教师仍存在着"下不去、留不住、教不好"等瓶颈问题[19]，阻碍了农村义务教育的发展与农村学校体育的推动。据相关调查显示，2010~2013年，全国农村在校教师减少了142.51万人，仅仅三年时间，农村教师流失率达到30%[24]。在这一背景下，开展体育教师职业延迟满足的研究恰逢其时。

二、研究意义

　　农村教师是我国教师队伍的重要力量，担负着基础教育改革和发展及素质教育实施的伟大历史重任。国务院办公厅颁发的《乡村教师支持计划（2015～2020年）》指出："发展乡村教育，教师是关键，必须把乡村教师队伍建设摆在优先发展的战略地位"[20]。最近，国务院办公厅印发的《关于强化学校体育促进学生身心健康全面发展的意见（2016）》（国办发〔2016〕27号文件）指出："加强体育教师队伍建设，是提升学校体育保障水平的重点任务之一"[22]。因此，加强农村小学体育教师队伍建设有着十分重要的意义。然而，当前农村小学体育教师存在着工作压力大、职业倦怠严重、工作投入不足、工作满意度低等普遍问题，对农村体育事业的发展和学校体育目标的实现产生了消极的影响。

　　理论意义：①丰富我国职业延迟满足的实证分析，推动延迟满足的本土化研究；②以体育教师为样本进行研究，拓宽了职业延迟满足的研究领域，有利于职业延迟满足研究体系的完善；③在职业延迟满足相关变量的关系中，首次同时引入中介变量和调节变量，推进理论研究。

　　实践意义：①编制专门的体育教师职业延迟满足量表，为体育教师职业延迟满足的研究提供可靠的测量工具；②不但有利于体育教师个人的能力发展和职业生涯管理，还能促进学校体育长远目标的发展，达到组织和个人的同步发展；③深入探讨影响职业延迟满足的因素，有助于体育教师职业延迟满足的开发、生活和工作质量提升，从而促进体育教育事业的长远发展。

三、已有研究相关述评

1. 有关职业延迟满足的研究

延迟满足（Delay of Gratification）最初由著名的美国社会　　　家 Mischel 通过儿童对糖果延迟满足的经典实验正式提出[2]。职业延迟满足是指职业领域的延迟满足，是个体为了更好地完成工作任务、更多地获得利益回报、达到更高的职业目标等一系列更有价值的长远结果，而甘愿放弃休息、娱乐或冲动行为等无利于当前工作的即时满足机会的自我调控能力[11]。

近年来，职业延迟满足已逐渐成为心理学、管理学以及企业界共同关注的焦点，不同学者先从不同角度对职业延迟满足的维度、职业延迟满足的内涵、职业延迟满足的测量进行了理论探索。之后有关职业延迟满足的研究重点转向了实证研究，一些学者对职业延迟满足的前因变量及结果变量进行了研究。如，研究显示尽责性与神经质[25]、一般自我效能会影响个体的职业延迟满足[26]。负性情绪也和延迟满足有显著的负相关，但积极情绪与延迟满足的关系如何，还缺乏系统研究。组织职业生涯管理[11,27,28]、社会拒绝[29]、代际差异[30]这三个方面都与职业延迟满足显著相关。伊秀菊[31]发现成就动机又与职业延迟满足呈显著正相关。王增涛[32]发现了职业延迟满足对工作投入具有显著的预测作用。Joy 和 Witt[33]通过研究发现：高延迟满足者的疏离感对组织氛围具有显著的影响。Miller[34]发现选择延迟满足的人的工作绩效水平更高。刘晓燕等[11]的研究结果表明，个体的职业延迟满足与职业承诺之间存在显著正相关。余玉娟[35]、温雅文[36]等对职业延迟满足与工作满意度的线性关系进行了探讨。

从上述研究中可以看出，尽管职业延迟满足开始引起重视，但目前的研究基本上都是零散的、局部的，多半是仅关注职业延迟满足的影响因素或后果的某一方面。整合性研究不多，难以系统地考察不同变量之间的关系。目前，我国对职业延迟满足的研究处于起步阶段，以"职业延迟满足"为关键词，在中国知网上跨库检索，一共只能找到 53 篇文献，北大核心级别以上期刊上发表的相关文章更是只有 6 篇，另有 10 多篇硕士论文对职业延迟满足进行了设计简单的相关性研究，尚没有相关的博士论文。说明我国理论界对职业延迟满足的关注非常不足，这个情况与现代管理界注重"以人为本"管理模式的发展现状极不相称。

2. 有关农村小学体育教师的工作满意度研究

在我国的教师队伍中，农村小学教师占的比例很大，他们承担着教育系统中最庞大而且最重要的基础教育部分，农村小学教师直接影响到我国基础教育的质量。农村小学体育教师是指农村义务教育阶段的小学体育专任和兼任体育教师，是农村小学教师队伍的重要组成部分。迄今为止，虽然我国农村小学体育教师地位待遇不断提高，但仍存在数量不足、工作量大、生活条件差、社会认可度低等一系列的问题[37,38]。近年来，研究者们对农村小学体育教师的现状、生存状况、培养、培训、队伍建设、专业发展、能力、心理健康等方面进行了探讨并取得了一些成果，而教师的工作满意度作为预测工作绩效、考核学校管理绩效的一项重要指标，也开始受到关注。宇超[39]通过调查发现西部农村小学体育教师的工作满意度不高；黄朋[38]以孝感市为例进行调查，发现农村小学体育教师的工作满意度普遍低下；李鑫[40]的研究显示晋中市农村中小学体育教师对工作的整体满意度偏低。农村体育教师是农村学校体育教育领域的支柱群体，他们的工作满意度直接影响到农村学校体育教育工作的总体质量。但目前有关农村小学体育教师工作满意度的研究仍然十分匮乏，这与中央大力发展农村学校体育的教育目标极不相符。

3. 有关职业延迟满足与工作满意度的关系的研究

在对以往研究进行梳理时我们发现：在众多的变量关系中，工作满意度作为职业延迟满足的一个结果变量得到普遍关注。工作满意度是个人对其工作与所从事职业，以及工作条件与状况的一种总体的、带有情绪色彩的感受与看法[41]，包括工作本身、工作报酬、晋升、人际关系、领导行为、组织认同、工作环境七个方面的满意程度。工作满意度与员工的身体和心理健康、个人工作绩效、缺勤情况以及工作失误等有着密切的联系。一般而言，个人的工作满意度越高，个人的工作绩效就可能越高、缺勤情况越少、工作失误越少，这有利于个人与组织的共同发展。当前已有多个研究发现职业延迟满足可以预测工作满意度，如，余玉娟[35]和罗献明[42]的研究显示护士的职业延迟满足与工作满意度正相关，袁蕾[43]的研究显示知识型员工的职业延迟满足与工作满意度正相关，康妍（2013）[44]、谢林峰[45]和温雅文[36]的研究显示企业员工的职业延迟满足与工作满意度正相关。

4．小结

在国外，延迟满足最初的研究主要集中在儿童发展领域，但目前已不断突破传统的领域向更深更广的领域和对象发展。如学业领域的延迟满足是延迟满足领域的一个重大拓展，而职业领域的延迟满足正成为当前管理界的一个研究热点，对于这一领域来说，研究者们对于其概念界定、测量、积极效应、影响因素、提升策略等方面开展了一系列的研究，特别是对于影响因素的研究较多，但对于个体效能的关注仍不足，而组织效能的研究则更为缺乏。总的来说，有关职业延迟满足的研究还不系统、不深入，仍有许多关键问题有待我们进一步深入、系统地探索：①有关职业延迟满足的影响因素研究较多，但职业延迟满足的机制仍不明确，有待进一步探讨；②职业延迟满足的研究对象主要集中在企业员工和护士，但对于其他行业的研究仍十分匮乏，已有的这些研究结论是否具有行业的特殊性，这些也有待我们深入研究；③目前相关研究主要集中于理论探讨，对于职业延迟满足的实际应用与启示探讨仍然不足。

概而言之，延迟满足的相关研究受到国内外广泛关注并进行了深入的研究，而有关职业领域的延迟满足亦开始受到相关学者们的重视，如香港学者黄蕴智[10]指出："延迟满足能力之先决条件及发展可能性如何，是当代中国人心理发展的一个关键，亦可能是现代化成败的一个关键""延迟满足是一个值得在中国各地开展的研究计划"。张萌和张积家[46]认为："在知识经济时代，实现职业生涯成功的难度在加大。人生是长跑，人们需要做好延迟满足的准备。从管理的角度来看，无论组织或个人，着眼长远发展，从延迟满足的角度出发都是不可或缺的。"因此，研究者也努力深入挖掘职业延迟满足的研究意义，总的来说，那些能够抵制当前诱惑即具有延迟满足倾向的人，在职业生涯上更容易获得成功[5]。近几十年来，孔子所谓的"欲速"和"见小利"的风气在当前中国社会已是十分常见，在一些行业与群体中，急功近利与浮躁之气日盛[47]，在这样的背景下，开展职业延迟满足的研究恰逢其时。

总之，当前对于职业延迟满足与工作满意度的关系已有一些研究，但同样目前针对职业延迟满足和工作满意度的研究还不够深入，整合性的研究都还基本空白。目前的研究成果还未解决的问题是：①职业延迟满足与工作满意度是不是简单的线性关系？②是否存在影响两者关系的中介变量？③是否存在影响两者关系的调节变量？④两者关系是否具有行业的特殊性？对这些未解决的问题的深入探讨应当是我们下一步研究的方向。基于此，本研究以农村小学体育教师为研究对象，对农村小学体育教师职业延迟满足与工作满意度的关系及中介变量和调节变量在两者关系中的作用进行深入的研究，探讨职业延迟满足对工作满意度的影响及其作用机制，通过此次研究推进职业延迟满足研究的深度与广度，引起社会各界对职业延迟满足的关注。

四、研究内容

1. 测量工具的开发及验证

本研究首先要解决的问题是变量的测量，教师职业延迟满足的维度结构目前尚未有研究，本研究以国内外相关研究为基础，对当前国内相关测量工具进行理论分析，选择认可度最高的职业延迟满足量表对农村小学体育教师群体进行发放问卷，采用内部一致性信度、重测信度、验证性因子分析对量表的信度和效度进行验证，并根据结果做相应的改动和调整，从而保证问卷的可信度和有效性。

2. 农村小学体育教师职业延迟满足的现状和特征

采用自编的高校教师基本情况调查问卷进行调查，包括学历、地区、婚否、性别、年龄、职称等，结合高校教师职业延迟满足量表，对于高校体育教师职业延迟满足的现状与特征做初步的分析。

3. 职业延迟满足与工作满意度的线性关系

以往的研究为职业延迟满足与工作满意度的线性关系提供了支持，本课题以农村小学体育教师这一特定行业的样本为例，对以往研究进行验证并深化。本部分的研究分两个层面，一是职业延迟满足整体与工作满意度的关系，另一个是职业延迟满足每个维度与工作满意度的关系。

4. 自我效能对职业延迟满足和工作满意度关系的中介作用

自我效能指人对自己是否能够成功地进行某一成就行为的主观判断，自我效能对于工作满意度的积极的促进作用，三者之间有紧密的关系，我们将验证自我效能感这一个体变量是否对职业延迟满足和工作满意度的关系有中介作用。

5. 组织公平对职业延迟满足和工作满意度关系的调节作用

组织公平感是组织或单位内人们对与个人利益有关的组织制度、政策和措施的公平感受，组织公平与工作满意度之间有紧密联系已在许多研究中得到证实，本部分通过研究，探索调节变量在职业延迟满足与工作满意度之间的调节效应，将组织公平作为调节变量，研究它们对职业延迟满足与工作满意度之间的调节作用。

6. 农村小学体育教师职业延迟满足提升的对策与建议

根据农村小学体育教师职业延迟满足的现状、特征与相关变量，提出相关的提升对策，为提升农村小学体育教师职业延迟满足的水平，促进农村小学体育教师工作绩效的提升提供理论支持与参考。

五、研究目标

本研究拟对农村小学体育教师职业延迟满足与工作满意度的关系及中介变量和调节变量在两者关系中的作用进行深入的分析，探讨职业延迟满足对工作满意度的影响及其作用机制，探寻目前相关研究还未解决的几个问题的答案，并期望通过此次研究推进职业延迟满足研究的深度与广度，引起学术界和教育界对职业延迟满足和农村教师工作满意度的关注，并为学校和教育主管部门制定相关的政策提供理论依据与支持。

六、创新之处

1. 研究领域新

有关教师领域延迟满足的关注较少，本研究对农村小学体育教师职业延迟满足进行研究，研究的领域新。

2. 研究内容新

本研究编制专门的农村小学体育教师职业延迟满足测量工具，并对农村小学体育教师职业延迟满足与工作满意度的关系进行分析，并引入自我效能作为中介变量和组织公平作为调节变量，研究的内容新。

3. 研究方式新

以往农村小学体育教师职业延迟满足和工作满意度的研究缺乏专门的测量工具，本次研究研制专门的农村小学体育教师职业延迟满足和工作满意度测量表，为今后的研究提供新的可靠的测量工具和研究方式。

七、研究方法

1. 文献资料法

通过文献查阅，收集和总结包括来自国外的书刊、学位论文、期刊论文和会议论文，以及国内的期刊论文、学位论文和会议论文，深入了解国内外大致的研究现状与进展，并用于理论分析、框架构思、研究设计和论文写作等环节。

2. 问卷调查法

对农村小学体育教师进行问卷调查，发放 285 份职业延迟满足量表，最终回收有效问卷 262 份。通过对回收的问卷进行探索性因子分析、信度、效度检验，得出农村小学体育教师职业延迟满足和工作满意度的现状、梳理职业延迟满足与工作满意度的关系、明确自我效能的中介效应和组织公平的调节效应。

3. 数理统计法

统计分析方法：数据采用 SPSS 21.0 软件和 AMOS 7.0 统计软件分析，定性资料以例数和构成比表示，定量资料以均值和标准差表示，两组定量资料的组间比较采用独立样本 t 检验或配对 t 检验，多组定量资料比较采用单因素方差分析，两两比较采用 SNK 法；量表的信度分析采用内部一致性信度分析，效度分析通过结构效度进行验证，两变量的相关性分析采用 Pearson 相关分析，自我效能感在职业延迟满足与工作满意度的中介作用分析通过 AMOS 7.0 软件构建结构方程模型进行验证，组织公平在职业延迟满足与工作满意度的调节作用分析中，先计算各量表的总得分，再进行中心化处理，采用多元线性回归分析方法进行调节效应分析；以 $P < 0.05$ 为差异有统计学意义。

4. 逻辑分析法

对不同人口学变量和不同社会学变量下农村小学体育教师的职业延迟满足和工作满意度进行差异比较，结合各项调查数据以及相关文献，提出农村小学体育教师职业延迟满足和工作满意度的管理与提升策略。

第二章　基础理论研究

一、职业延迟满足

延迟满足现象最初是弗洛伊德（1911）在对儿童的实验研究中发现的，并认为延迟满足能力是幼儿自我控制能力的一种[1]，美国斯坦福大学社会心理学家Mischel（1974）通过儿童对糖果延迟满足的经典实验正式提出延迟满足这一概念并做出明确的界定[2]，之后引起了学者们的高度关注并进行了许多深入系统的研究。有关延迟满足的研究主要分为3个部分：一般延迟满足研究、学业领域的延迟满足（学业延迟满足）研究、职业领域的延迟满足（职业延迟满足）研究。下面分3个部分详细回顾延迟满足的相关研究进展。

20世纪90年代以来，延迟满足的研究逐渐向更广的对象与领域延伸，国内外学者已在延迟满足的研究范式、心理机制、影响因素、跨文化比较等方面进行了有益的理论探讨和实证研究，但是目前此类研究主要集中在发展心理学领域。随着延迟满足研究的深入开展，这一概念逐渐被引入职业领域中，职业领域的延迟满足即"职业延迟满足"（Vocational Delay of Gratification）。职业延迟满足是指个体为了更好地完成工作任务、更多地获得利益回报、达到更高的职业目标等一系列更有价值的长远结果，而甘愿放弃休息、娱乐或冲动行为等无利于当前工作的即时满足机会的自我调控能力[11]。职业延迟满足是一个对我们职业生涯发展有重要影响的课题，它能解释一些知识水平和能力素质不相上下的人，经过多年的职业发展以后，在职业领域却取得大相径庭的成绩；然而，职业延迟满足同时也是一个长期被忽视的重要课题，当前，对于职业延迟满足的研究才刚刚起步，但也已引起了学术界的关注，学者们对此开展了一些研究并取得了一些成果。鉴于职业延迟满足的重要意义，近年来，职业延迟满足已逐渐成为心理学、管理学以及企业界共同关注的焦点，有关研究主要集中在概念的界定、测量、积极效应、影响因素等方面。

（一）职业延迟满足的界定

最初对概念进行界定的是国外的学者。延迟满足最初引入学生的学习情境下，Bembenutty[48]针对学生在学习情境下的延迟满足现象，提出了学业延迟满足（Academic Delay of Gratification）的概念，即"学生为了追求更有价值的长远学习目标而推迟即时满足冲动的机会的倾向"。这一概念为研究者们把延迟满足引入职业领域奠定了基础并提供了理论参考。后来一些研究者对职业延迟满足的概念进行了研究。Mischel[2]认为，延迟满足可以视为心理成熟的一种表现，是自控能力的一部分。在延迟满足的情境中，人们心甘情愿放弃当下的即时满足选择取向，来追逐更长远的可能有更大收获的价值结果，在其追逐的过程中展现出自我控制能力。McHoskey[49]、Miller[34]认为延迟满足是工作伦理的一种价值体现，并且与工作伦理所包含的其他维度，有着显著的相关关系，是工作中对组织和个人而言不可或缺的一种工作特质。Ward[50]认为，延迟满足是一种"学习行为"，因此认为延迟满足是一种可以通过学习而获得的技能。Reynolds 和 Schiffbauer[13]从职业发展角度，将延迟满足阐述为一种选择能力，即："放弃即时满足的机会，而选择维持利于实现长远的职业目标与成就的行动的能力"。Graziano[51]定义延迟满足则是从目标的角度出发，认为高延迟满足个体能权衡好短期目标与长期目标之间的利益关系，更能基于长期目标而放弃与短期目标有关的即时满足，这其中包含一系列的动机与认知过程。

国内学者们也先后对职业延迟满足这一概念进行了界定。刘晓燕[11]借鉴了Bembenutty[48]对学业延迟满足的定义，认为职业延迟满足是一种自我调控能力，是人们在职业生涯中的延迟满足。人们甘愿放弃无利于当前工作的休息或者娱乐等即时满足的机会，更好地完成工作任务，为了取得更多工作上的回报、达到更高职业目标等一系列价值更大的长远结果。这是国内对职业延迟满足的首个界定，这一定义目前得到较多研究者的认同。梁海霞和张锦[52]认为职业延迟满足，是指个体在其职业领域中，为了更好地完成工作任务、更多地获得利益回报、达到更高的职业目标等一系列更有价值的长远结果，从而甘愿放弃眼前相对较小的利益的抉择取向，以及在等待中进行自我控制、克服困难、努力进取并最终实现长远目标的能力。Mischel的延迟满足模型包括两个阶段：第一阶段放弃当前满足和第二阶段自制能力。康艳红[53]认为，工作和组织情境下的延迟满足即职业延迟满足也应当体现出这两个阶段，基于这一考虑，她将职业延迟满足定义为：人们为了达到自己在职场中的某种更具价值的长远目标（如升职、加薪等）而选择放弃当前的即可满足的利益，以及在这一过程中表现出来的自制能力。王忠军[4]认为工作和组织情境下的延迟满足应更多地关注延迟满足选择的动机与认知倾向，因此，他从延迟选择的方面，将职业延迟满足定义为"个体为了追求更有价值的长期职业目标而推迟短期的即时满足冲动机会的选择倾向"。沃小雪[54]从延迟满足选择与认知倾向定义为"个体在工作中为了正在做的工作和职业生涯中更有价值的长远目标而甘愿放弃即时满足的选择取向"。李爱梅和康其丰[55]认为职业延迟满足是为了实现长远目标，抵制各种及时满足和诱惑，所表现出来的良好自我调控能力。张杏[56]将职业延迟满足界定为个体具有长远的职业发展规划，能够为了长远的职业目标坚持职业梦想，通过自我控制放弃即时满足和短期利益的行为。赵明[57]将职业延迟满足定义为个体为了长远发展和更大的利益获得，而主动放弃或推迟当前利益、娱乐等即时满足，并倾向于最终利益的抉择取向和奋斗过程。

综合上述研究者们进行的界定可以看出，现在研究者普遍认为职业延迟满足是指：个体为了更好地完成工作任务、更多地获得利益回报、达到更高的职业目标等一系列更有价值的长远结果，而甘愿放弃休息、娱乐或冲动行为等无利于当前工作的即时满足机会的自我调控能力。

（二）职业延迟满足的测量

可靠的测量工具是心理学研究开展的基础，对于职业延迟满足的测量工具，研究者们进行了一系列的探索，为研究的进一步开展奠定了基础。有研究者认为自陈问卷稳定性不好，于是尝试采用模拟情境法来测量工作与组织情境下的延迟满足。Hesketh 等[58]给测量对象展示两份工作并让其本人对这两份工作感兴趣的程度进行评估，然后再告诉被测量者，不太感兴趣的这份工作可以很快得到，比较感兴趣的这份工作需要较长时间的等待，等待的时间从 1 个月到 12 个月不等。通过被测量者最后的工作选择，来探讨奖励（如工作选择）在人们心中的相对价值因延迟期待的不同（如时间长短）而产生的"价值折扣作用"。Twenge 等[29]进行了一项研究，研究中提前设计好一个情境让被试进行选择："有一个和你年龄相仿的朋友，现在有两份工作在他（她）面前，第一份工作的初始工资很高，但是发展前途不大，而且工资也不会再有太大变化；第二份工作初始工资不高，但是发展空间很大，并且不需要很长的时间，工资将会有很大提高。你认为他（她）应当选择哪份工作？"被试做出决定后，还要在李克特 7 点量表上回答："你对自己所做决定的确信程度有多大？"李芳园[59]编制了职业延迟满足情景问卷，包含了 12 个情境，该情景问卷的信度、效度都较好，然而这一问卷暂时未有在其他研究中应用的有效性证明。这些研究为研究者们测量职业延迟满足提供了参考与借鉴。

然而，也有研究者认为，采用测量量表进行测试时，被试者既不需进入真实的延迟满足情境，也不会得到实际的奖励物，只需根据量表所设定的情景表明自己的态度和行为选择，因此，量表测试法在研究青少年和成人的延迟满足时具有很高的适用性。因此，当前国内外已有许多研究者研制自评量表对职业延迟满足进行测量。

Ray 和 Najman[60]编制的延迟满足问卷（DOG）包括 12 个条目，采用李克特 3 点记分法评分，选择分别为"是 = 3 分"，"两者之间 = 2 分"，"否 = 1 分"。其中 6 道反向记分题，得分越高表示延迟满足能力越好。量表的内部一致性克朗巴赫 α 系数 = 0. 72，平均分为 27. 43，标准差 SD = 5. 03，有较好的信度与效度。此问卷是最早用来测量延迟满足的问卷，也是应用极为广泛的一个延迟满足问卷。

Ward[50]等编制了多维延迟满足量表（Delay of Gratification Questionnaire，DOGQ），此量表包括政治领域延迟以及职业和学业领域的成就倾向两个维度，共 19 个条目。量表设定了即时满足和延迟满足两个选项，采用迫选法，要求被试在两个选项中进行选择，选择延迟满足选项得 1 分，选择即时满足选项得 0 分。得分越高表示延迟满足能力越好。两个维度的内部一致性克朗巴赫 α 系数分别为 0. 73 和 0. 64，具有良好的信度与效度。此量表目前已有的报告均是在学业延迟满足中的应用，而未见在延迟满足与职业延迟满足领域中的应用，因此其应用仍不是很广泛。

美国心理学家 Miller[34]编制的多维职业道德量表（Multidimensional Work Ethic Profile，MWEP），他将职业道德划分为 7 个维度：延迟满足、工作重心、自我依赖、努力工作、闲暇时间、道德观、时间浪费，问卷采用的是李克特 5 点计分法，量表各维度在职业组织样本中的克朗巴赫 α 系数为 0. 76 ~ 0. 89，信度与效度均较好。延迟满足作为其中一个维度内部一致性系数达 0. 83，与其他 6 个维度均有显著的相关关系。虽然延迟满足仅仅是此问卷中的一个维度，但由于它是针对与工作相关的问卷，因此问卷得到广泛使用。

刘晓燕等[11]编制了企业员工职业延迟满足问卷，她采取主成分分析法，在企业员工职业延迟满足问卷中析取出两个解释率最高的因素，分别命名为工作延迟满足和职业生涯延迟满足。职业生涯延迟满足，是为了将来的工作和长久的职业生涯目标而做出的延迟满足。量表共 8 个项目，采用李克特 4 点量表进行计分，总量表和工作延迟、职业生涯延迟 2 个分量表的 Cronbach's α 系数分别为 0. 776、0. 759 和 0. 707，量表中各项目得分与总分之间具有显著的相关性，分别在 0. 476 和 0. 828 之间，显示量表有良好的内部同质性，同时，量表还具有良好的结构效度与效标效度。刘晓燕[11]编制的职业延迟满足量表作为第一个中文版本的职业延迟满足量表，信度和效度较好，受到研究者们较多使用。量表经过众多研究者的使用，展现出良好的信度与效度。如付霞[61]等许多研究者均证实了这一量表多方面的适应性，这也使该量表成为目前国内使用最为广泛的量表。

梁海霞[52]在参考前人延迟满足概念的基础上，对职业延迟满足这一概念进行了界定，并编制了中文版职业延迟满足量表（Occupational Delay of Gratification Scale，ODGS）。该量表包括2个分量表：延迟满足特征和职业延迟满足过程，共计24个条目。职业延迟满足过程包括延迟选择和延迟维持两个方面，延迟满足特质也分为延迟信念和延迟行为两个方面的内容。经过梁海霞[62]的测量，全量表的内部一致性系数为0.81，职业延迟满足过程分量表的内部一致性系数均为0.79，职业延迟满足特质分量表的内部一致性系数为0.61；两周后进行重测，总表和2个分量表的重测信度分别为0.97、0.66和0.98。该量表在国内也得到广泛使用，受到研究者们的认可。

康艳红[53]编制了职业延迟满足问卷，通过对自编量表的探索和验证性因素分析，认为职业延迟满足应由工作延迟满足、职业延迟满足、持久性3个维度构成。量表共12个条目，采用李克特4点量表进行计分，1~4分表示从非常不符合到非常符合。总量表的内部一致性系数为0.874，工作延迟满足、职业延迟满足和持久性3个维度的内部一致性分别为0.875、0.847和0.796；采用相关性和验证性因子分析法对量表的结构效果进行分析，显示了量表具有良好的结构效度。这一量表目前尚未得到研究者们的认可，使用较少。

陈始棠[27]以国外相关延迟满足的理论研究作为基础，以国外延迟满足问卷作为参考，以企业知识型员工（包括研发、管理、营销人员）为对象，编制了15个条目的职业延迟满足量表，认为工作延迟满足、职业延迟满足、延迟维持是构成职业延迟满足的三个维度。职业延迟满足量表的结构、信度和效度均较合理。经由项目分析、因素分析、信度检验和社会人口统计学分析等一系列研究，所编制的问卷具有较好的信度和效度。这一结果与康艳红[53]的研究结果一致。

这一量表目前认可度也不高。

李颖[63]为探索基层公务员职业延迟满足的结构维度，并编制适用于基层公务员的职业延迟满足量表，以151份问卷为样本，编制出包括工作延迟满足、职业生涯延迟满足、社会评价3个维度9个条目的职业延迟满足量表。总量表和工作延迟满足、职业生涯延迟满足、社会评价3个分量表的Cronbach's α系数分别为0.835、0.701、0.745和0.706，验证性因子分析证实了问卷具备良好的结构效度。

郑艳玉[64]编制了我国第一个适用于教师的职业延迟满足量表，也是目前唯一的专门针对中小学教师的职业延迟满足量表。量表分为2个维度16个条目，内部一致性、重测信度、内容效度和结构效度均较好，有良好的信效度，是适合中小学教师人群使用的职业延迟满足量表。并且作者为确保量表的有效性和科学性，按照文献分析——构思概念和维度——访谈与开放式问卷——编写项目——项目评估——预测问卷的发放——项目分析——探索性因素分析——验证性因素分析——信效度检验——形成正式量表这一程序进行编制量表，然而，验证性因素分析本身是用来检验量表的结构效度最合适的方法，因此，作者本身设定的程度的合理性仍有待进一步探讨。

综观上述职业延迟满足量表，以刘晓燕等[11]编制的企业人员职业延迟满足量表使用最为广泛，梁海霞[62]的职业延迟满足量表使用也较为广泛，其他职业延迟满足量表有认可度但仍然较低，特别是李颖[63]的职业延迟满足量表、温雅文[36]的外企人员职业延迟满足量表、郑艳玉[64]的中小学教师职业延迟满足量表尚未在其他研究中验证信度与效度。

有关职业延迟满足的这些测量工具均显示有良好的信度与效度，但各个量表均显示出不一样的结构，其中包括了单维、二维、三维等多种观点。学术界对职业延迟满足的结构模型的争论一直没有得出一致认可的结论，再者，以上对职业延迟满足内容结构的探索，多基于企业职工和技术人员，但由于不同的工种、不同的岗位类别、不同行业的职工，他们的职业延迟满足的构成也不尽相同，因此针对专门化职业延迟满足测量的工具却依然匮乏[4]。例如，对于教师这样的特殊群体，他们的职业延迟满足能力包含怎样的内容结构？其内容结构是否又和企业员工有所不同？是否存在不同于其他群体的维度？对这些问题的解答，仍有待进一步通过实证的调研和分析给出答案。

（三）职业延迟满足的积极效应

在现实生活中，人们往往经历着各种各样的诱惑，有的人经不住诱惑，但也有的人为了追求更大的目标，获得更大的收获，放弃眼前的诱惑。而自我延迟满足能力决定了个体倾向于即时满足还是延迟满足，间接决定了选择最终获得的成果。延迟满足是一种控制自己并专注于更有价值的长远目标的能力[65]。研究显示，延迟满足对个人一生的人格发展都具有积极作用。

有关延迟满足的积极效应的研究最早出现在国外，Furnham[66]最早将延迟满足这一概念引入工作与职业领域的研究中，并对延迟满足与职业道德形成的关系进行了考察，从此以后，西方研究者便开始关注延迟满足对个体工作与职业的影响。例如，Miller等[34]以126名金融机构员工作为被试进行研究，编制的职业道德问卷包含7个维度：延迟满足、工作重心、自我依赖、努力工作、闲暇时间、道德观、时间浪费，延迟满足是工作伦理的一个维度，同时还发现那些具有较强延迟满足倾向的人具有更加突出的工作绩效。他们将大学生和已经参加工作的人作为对比的对象，比较他们的延迟满足水平，并对差异性进行分析，发现在工作中：①大学生比已经参加工作的人表现出更高的延迟满足水平；②延迟满足水平较高的员工会有更好的工作绩效，在工作中会有更为突出和优秀的表现。Renn等[26]发现，低延迟满足倾向是导致员工自我管理失败的关键因素之一，其主要原因是较低延迟满足倾向的员工具有较低的注意力管理能力，因而在面对即时奖励时难以克制即时满足的冲动，无法抵制诱惑，非常不利于员工对环境的监控以及自我管理。

而国内针对职业领域延迟满足的积极效应的研究首先针对企业展开，这些针对企业员工的相关研究证实，职业延迟满足对许多个体变量有十分积极的影响。

农村小学体育教师职业延迟满足与工作满意度研究

1. 职业延迟满足对工作满意度的影响

职业延迟满足会影响员工的工作情感体验，一些研究者以企业员工为例进行探讨。例如，刘晓燕等[11]以 321 名企业员工作为研究对象，探讨企业员工组织职业生涯管理对职业承诺、工作满意度的影响，以及职业延迟满足的中介作用。研究发现，职业延迟满足与员工的工作满意度之间的相关系数为 0.50（P < 0.01），在结构方程模型中也显示职业延迟满足对职业承诺和工作满意度有正向的积极影响。康艳红[53]以企业员工为对象进行研究，发现职业延迟满足的 3 个维度和工作满意度之间存在着正向相关。谢林峰[45]对 320 名 80 后企业员工进行了调查，职业延迟满足对工作满意度有显著正向预测作用（r = 0.513）。温雅文[36]以外资企业员工为目标群体进行调查分析，发现职业延迟满足可以正向预测工作满意度。另一些研究者则以护士为调查对象进行探讨，如余玉娟[35]对浙江省某医院的 100 名注册护士进行研究，发现职业延迟满足的 2 个维度与工作满意度的相关性分别为 0.34 和 0.42，这也与罗献明[42]的研究结果一致，罗献明采用量表对来自温州市 4 所三甲综合医院的 251 名临床护士进行问卷调查。结果显示职业延迟满足与护士工作满意度呈显著正相关（r = 0.43），中介效应分析的结果显示，职业延迟满足在自我效能感与护士工作满意度的关系之间起中介作用，因此，提升职业延迟满足可以提高护士工作满意度。李颖[63]则探讨职业延迟满足对基层公务员工作满意度的影响，结果显示基层公务员的职业延迟满足与工作满意度呈显著的正相关关系。

2. 职业延迟满足对工作投入的影响

对于职业延迟满足对工作投入的影响也有一些研究。王增涛[32]发现职业延迟满足与工作投入总分及其三个因子（活力、奉献和专注）的相关系数都在 0.30 以上，且具有显著正相关，这个结果说明职业延迟满足与工作投入及活力、奉献和专注这三个因子均有密切的关系，这说明职业延迟满足能有效正向预测员工的工作投入，由此可见，增强员工的职业延迟满足倾向对个体的职业发展具有很强的现实意义。沃小雪[54]发现工作延迟因子与工作投入总分以及活力、奉献、专注三个因子的相关性分别为 0.63、0.58、0.60、0.58；职业生涯延迟因子与工作投入总分以及活力、奉献、专注三个因子的相关性分别为 0.57、0.52、0.57、0.49；职业延迟满足因子与工作投入总分以及活力、奉献、专注三个因子的相关性分别为 0.66、0.61、0.65、0.59，这说明职业延迟满足的三个维度与工作投入的总分以及三个维度之间均存在显著正相关，职业延迟满足能有效预测企业员工的工作投入。

3. 职业延迟满足对工作绩效的影响

当前职业延迟满足研究领域的一个焦点问题就是职业延迟满足与工作绩效的关系。研究者们对此展开了一系列研究，当前已有的研究表明职业延迟满足与工作绩效之间有密切关系，这同时也给职业延迟满足研究赋予了更多的理论价值和现实意义。在对职业延迟满足和工作绩效关系的探讨中，大部分的研究者得出的结论是基本一致的，即均认为职业延迟满足对工作绩效有积极的影响。

Miller 等[34]通过采用自编的多维工作伦理问卷进行比较研究，得出有较高延迟满足水平的人与较低延迟满足水平的人相比，具有更突出的工作绩效。袁蕾[43]对 372 名知识型员工进行问卷调查，发现职业延迟满足与工作绩效之间的相关系数 r 达到 0.368，说明职业延迟满足对知识员工的工作绩效有显著的正向预测作用。曹艺[67]以 225 名企业职工为被试结果发现，职业延迟满足对企业员工的工作绩效具有显著的正向作用，并且同时，职业生涯延迟维度对工作绩效和背景绩效会有更多的影响，工作延迟维度则对工作绩效有更多的影响。孙裕如[68]对 545 名企业员工进行问卷调查，也得出了职业延迟满足对工作绩效具有显著的正向预测作用的结论。贾文文[69]的研究结果显示，职业延迟满足能够显著正向地预测个体的工作绩效，职业延迟满足倾向越强的个体具有越高的工作绩效。工作中更偏向于延迟满足的个体，会有更高的工作投入度，也就更加容易获得更高的工作绩效。因为职业延迟满足倾向越强的个体，为了长远的发展，愿意投入更多的时间和精力到工作中，一般来说，工作投入越多则产出越多，随之带来产生更高的工作绩效。赵廷廷[70]、阎晓华[71]也对企业员工进行了调查，研究结果也同样显示：职业延迟满足对工作绩效具有明显的预测作用。张杏[56]采集来自全国 27 个省市自治区公务员的 138 份有效问卷，分析后得出如下结论：公务员的职业延迟满足与工作绩效总分和各因子之间有显著的正相关关系，公务员的职业延迟满足能够预测和解释工作绩效的 35.8%；在工作绩效的四个维度中，职业延迟满足对关系绩效、学习绩效、创新绩效三个因子有显著的预测作用，而对任务绩效的预测效果不明显。李颖[63]也同样以基层公务员为样本进行研究，探索职业延迟满足对工作投入的关系，结果显示职业延迟满足对基层公务员的工作投入有积极的预测作用。

总之，职业延迟满足对工作绩效的影响效果已得到学界的一致认可，但相关研究仅以知识员工、企业员工和公务员为样本进行了探讨，这一预测作用在其他领域是否适用尚不得而知，因此，对于不同领域职业延迟满足的效果仍有待研究者们进一步进行检验与探索。

4. 职业延迟满足对职业承诺的影响

职业承诺是职业心理学的一个十分重要的变量，职业延迟满足与职业承诺的关系也是当前的一个重点关注的问题。虽然有关两者关系的研究目前还较少，但也基本一致认可二者之间是正相关关系。刘晓燕等[11]以 321 名企业员工作为研究对象进行研究，发现职业延迟满足与员工的职业承诺之间的相关系数达到 0.41（P < 0.01），在结构方程模型中也显示职业延迟满足对职业承诺有正向的积极影响。沃小雪[54]对长春市的 400 名国有、私有企业员工进行了调查，分析职业延迟满足与职业承诺的关系，结果发现工作延迟因子与职业承诺总分、情感承诺、代价承诺、机会承诺、规范承诺五个因子的相关性分别为 0.19、0.35、0.00、-0.04、0.14；职业生涯延迟因子与职业承诺总分、情感承诺、代价承诺、机会承诺、规范承诺 5 个因子的相关性分别为 0.24、0.49、0.13、-0.24、0.19；职业延迟满足因子与职业承诺总分、情感承诺、代价承诺、机会承诺、规范承诺五个因子的相关性分别为 0.24、0.47、0.07、-0.16、0.19，说明职业延迟满足的三个维度与职业承诺的总分以及 4 个维度之间大多存在显著正相关，职业延迟满足能有效预测企业员工的职业承诺。

5. 职业延迟满足对其他方面的影响

职业延迟满足不仅对工作满意度、工作投入、工作绩效和职业承诺有积极的影响，还对负性情绪、敬业度、职业成功、自我职业生涯管理等许多方面有积极效应。刘霄等[17]对企业员工职业延迟满足感与焦虑、抑郁的关系进行了探讨，数据显示焦虑与满足过程、满足特质、延迟满足总分均为负相关；抑郁与满足过程、满足特质、延迟满足总分呈显著负相关；职业延迟满足总分对焦虑、抑郁变量有显著的预测作用。赵慧娟[72]基于对 807 名新生代员工的调查问卷的分析，研究结果显示，职业延迟满足对新生代员工的敬业度有显著影响。陈始棠[27]的研究显示职业延迟满足对企业员工的职业成功（包括职业满意度和职业竞争力）有显著的正向预测作用，王婷（2014）的研究支持了这一结论。康艳红[53]、胡世辉[28]、陈始棠[27]均通过研究发现职业延迟满足对企业员工的自我职业生涯管理（包括职业探索、生涯规划、专注工作、延伸管理）有显著的正向预测作用。

6. 述评

虽然研究者们对职业延迟满足的积极效应进行了许多探讨，事实也证实了职业延迟满足对于员工的职业承诺、工作满意度、工作投入、工作绩效、敬业度、职业成功、自我职业生涯管理均有积极的促进作用，也对负性情绪（焦虑和抑郁）有较好的缓解作用，但是相关研究仍存在一些不足：①从研究对象上来说，相关研究主要以企业员工为研究对象，少量研究以公务员为对象，而在其他领域的相关研究仍然十分匮乏；②从变量上来说，对职业心理和工作绩效方面的研究较多，而对心理健康的研究偏少，特别是对积极情绪的作用仍未有探讨。因此，这方面的研究仍有待我们进一步深入探索。

（四）职业延迟满足的影响因素

对于职业延迟满足的影响因素调查，主要集中于个体因素、组织因素、社会因素这几个方面，其中，个体因素主要包括人格因素、情绪因素、人口学变量、自我职业生涯管理，组织因素主要包括组织职业生涯管理，社会因素主要包括社会拒绝和代际差异。

农村小学体育教师职业延迟满足与工作满意度研究

1. 个体影响因素

（1）人格因素。

延迟满足是自我控制的核心成分，因此延迟满足也是人格的一部分，个体自身因素必然是职业延迟满足的重要影响因素。有关人格因素对延迟满足影响的研究开展较早，并且国外研究较多。国内研究者们对此进行了一系列的研究，这些研究发现，多种人格因素会影响个体的职业延迟满足，这些研究为管理者提供了许多有益的启示，但仍有许多空间值得我们进行深入研究。

1）尽责性与神经质。一般来说，尽责的人总是工作比较勤奋并且可靠，但是处于极端状态的他们，也容易产生工作成瘾、完美主义和强迫症等症状。尽责性得分低与尽责性得分高的人相比，往往缺少目标、生活比较悠闲。神经质（Neuroticism）是一种经历消极情绪状态的持久倾向。情绪不稳定性得分高的人应对环境未知结果压力能力较差，更有可能将正常情况解释为威胁，将小挫折看成绝望的困难[73]。Judge 和 Ilies[25] 的研究表明：尽责性和神经质这 2 种人格与员工的工作绩效有显著的相关性。Baumeister[74] 认为产生这种情况的原因是高尽责性个体往往努力工作、目标取向明确，而低尽责性的个体则恰恰相反，他们思虑不周、低成就取向、缺少坚持。

2）自尊。研究显示高自尊的个体对自我价值和能力怀有积极的信念，而低自尊的个体恰恰相反[75]，因此在具体的职业领域中，低自尊的个体往往对自己的价值和能力持怀疑态度，容易产生消极情绪，不愿意放弃当前的即时满足而达成未来的工作结果。王丽娜[76] 的研究也显示大学生的自尊与延迟满足相关。这些研究启示我们在日常工作中，管理者需要提高员工的自尊水平（例如通过帮助员工克服工作中的困难、完成工作中的挑战等方式），从而提升员工的延迟满足水平。

3）工作控制点。工作控制点（Work Locus of Control）是指在工作中，个体对谁决定自己的工作回报的一种认识与态度[77]。具有工作内控倾向的员工和个体认为并相信决定自己工作回报的人是他们自己，而具有工作外控倾向的员工和个体则会认为工作回报是他们自己无法控制的。外控型个体一旦感觉到他自己无法控制工作环境，就会产生一种强烈的无助感，然后产生失望和逃避等一系列的消极情绪和行为，从而丧失对未来的希望与自信心并降低延迟满足感。因此在工作中，外控型的员工更加难以体验到延迟满足感，而内控型的员工则恰恰相反，他们在工作中具有更高的延迟满足水平[26]。

4）自我效能。自我效能是指工作应对或处理内外环境事件的效验或有效性。Renn 等[26]的研究显示，在工作中，自我效能对个体的延迟满足有积极正向的影响，这一结果得到后续研究的支持。王增涛[32]、罗献明等[42]均发现自我效能感与职业延迟满足为正相关关系。探究其原因可能来自两个方向：一是自我效能感的员工的成就动机更高，而成就动机越高的员工，具有更高的职业延迟满足水平[31]；二是自我效能感的员工有更强的自信心和目标导向，他们自信能达到更高的工作目标，因此，在面临选择时会偏向于延迟满足并付出更多努力去实现延迟满足。

（2）情绪因素。

情绪是人对客观事物的态度的一种反映，情绪的积极或消极，会影响人的行为并产生完全不同的结果。Mischel[2]提出"冷/热执行系统"来解释延迟满足产生的生理机制，情绪变量对延迟满足的影响开始受到研究者们的关注。Funder 等[6]的研究结果显示，延迟满足与易怒性、烦躁、攻击等负性情绪和行为负相关。Hesketh 等[78]研究表明，在工作情境中，焦虑与员工的延迟满足有显著的负相关，即焦虑水平高的员工的延迟满足水平较低。总之，虽然国外研究者们的研究均认为消极情绪会对延迟满足产生负面影响，但国内的研究刚刚开展，对这一领域的研究尚处于起步阶段，另外，目前国内外研究者对于积极情绪对延迟满足的影响这一问题仍缺乏系统的研究。

（3）自我职业生涯管理。

自我职业生涯管理（Individual Career Management，ICM）指个人为了实现自己的职业生涯目标而采取的各种策略和措施[79]。在当前这个无边界的职业生涯时代（Boundaryless Career），自我职业生涯管理具有极为重要的价值。陈始棠[27]、李芳园[59]分别以企业员工、知识人才为样本探讨自我职业生涯管理对职业延迟满足的影响，均发现二者之间显著的正相关关系，并且自我职业生涯管理还会通过职业延迟满足的中介作用来影响员工的职业成功、工作满意度。总之，研究者们的研究均一致地显示了自我职业生涯管理会对员工的职业延迟满足产生正向影响，这同时也提醒我们，在实际工作中员工应当积极进行职业探索、确立职业目标和策略、注重自我展示和人际关系等自我职业生涯管理行为，这样能有效提升员工的职业延迟满足水平，从而帮助并促进员工的长远职业发展目标。

（4）人口统计学变量。

在当前有关职业延迟满足的影响因素的研究中，对个体影响因素研究最多的是人口统计学变量，当前研究者们从性别、年龄、工作年限、婚姻状况、文化程度等多方面对此进行了研究，但是研究结果出现不一致的甚至相反的情况，有可能是由于所选研究样本的不一样导致的结果。

1）性别。性别对职业延迟满足的影响，目前存在两种不同的看法。一种看法是认为性别对职业延迟满足没有影响，也就是说男性和女性职工的职业延迟满足不存在显著差异，我国学者刘晓燕[11]、陈始棠[27]、胡世辉[28]、曹艺[67]的研究便是支持这一观点；另一种看法是认为性别对职业延迟满足有影响，具体体现在男员工的职业延迟满足水平显著高于女性员工，显示在职业延迟满足水平上男性显著高于女性。

2）年龄。对于年龄对职业延迟满足的影响主要有两种观点。一种是以刘晓燕[11]、阎晓华[71]为代表的，他们认为年龄不是造成职工个人职业延迟水平差异的因素；另一种是以梁海霞[62]、胡世辉为代表的，他们的研究结论恰好相反。胡世辉[28]的研究结果则显示不同年龄阶段企业员工的职业延迟满足差异显著，他发现25岁以下的企业员工职业延迟满足最高，26~30岁的企业员工居中，31岁以上的员工职业延迟满足水平最低。张锦[80]以188名企业员工为样本进行研究，发现30岁以下的员工的职业延迟满足总分高于30~50岁组和50岁以上组的得分。

3）工作年限。对于工作年限对职业延迟满足的影响也存在不同的观点。如Pogson（2002）发现工作年限越长的人越不愿意选择延迟满足。胡世辉[28]的研究支持这一观点,他发现其中 2 年以下组和 2 ~ 5 年组的企业员工的职业延迟满足得分显著高于 6 ~ 10 年组和 10 年以上组的员工,说明不同工作年限企业员工的职业延迟满足差异显著。万憬[81]对 225 名在职护士的调查结果显示,随着工作年限的延长,护士的延迟满足能力会相应地降低。而另一些研究结果则恰恰与此相反,刘晓燕[11]发现被试的工作年限对职业延迟满足均未达到显著的预测作用,这一研究结论得到其他一些研究者的支持。如陈始棠[27]以企业员工为样本进行问卷调查,发现工作年限对职业延迟满足无显著影响,不同工作年限的员工的职业延迟满足得分无差异。总之,不同工作年限的员工在职业延迟满足方面的区别,就目前的研究结论来看,仍不完全或不一致,仍需要更多研究来予以澄清[34]。

4)婚姻状况。对于婚姻状况是否会影响员工的职业延迟满足,研究者们开展了一些研究,并得出了类似的结论,基本一致地认为未婚员工会比已婚员工表现出更高的职业延迟满足水平。阎晓华[71]发现未婚的员工表现出更多的延迟满足倾向。万憬[81]对 225 名综合医院在职护士进行调查后认为,未婚护士的职业延迟满足能力优于已婚护士。付霞等[61]、陈丽芳等[82]、刘燕南[83]的研究均显示未婚护士比已婚护士具有更高的职业延迟满足水平。

5)文化程度。对于不同文化程度的员工的职业延迟满足水平的差异,研究者们进行了许多研究,并得出了不一致的结论,但大部分研究者仍然认为学历越高的员工职业延迟满足水平越高。俞洋[84]、余玉娟[35]、万憬[81]、蒋语[85]的研究显示在护士群体中,学历越高,职业延迟满足的水平也越高;刘燕南[83]以三级医院 281 名在职护士为样本进行研究,则得出相反的结论,他发现文化程度低者职业延迟满足及工作延迟满足维度得分高于本科及以上护士($P < 0.05$),李颖[63]以公务员为样本进行研究则发现文化程度与职业延迟满足并无相关性。

总之,研究者们从性别、年龄、婚姻状况等多方面对此进行了研究,但是在一些方面出现了研究结果不一致的情况,原因是多方面的,有可能是由于所选研究对象的不一样,也有可能是所选的测量工具不一样,也可能和取样的方式有关,也可能虽然是同样的样本,但不同单位之间的情况也不一样,如领导风格等因素也可能会导致员工的职业延迟满足水平不一样，但不论怎样，已有研究主要集中于对护士和企业员工的研究，而对于其他行业的研究仍十分缺乏，我们应当扩大样本，对不同的行业进行调查，来探讨人口统计学变量对职业延迟满足的影响。

2. 组织因素

组织职业生涯管理（Organizational Career Management，OCM）是指以开发员工潜力为目的，由组织实施的、能够留住员工并且能自我实现的一种管理方法[86]。刘晓燕等[11]以企业员工的研究为基础，探讨组织职业生涯管理对员工职业承诺、工作满意度与职业延迟满足的影响，研究发现组织职业生涯管理的四个维度：公平晋升、提供信息、注重培训、职业发展与职业延迟满足的相关性为0.268~0.402，职业承诺与职业延迟满足的相关性为0.406，工作满意度与职业延迟满足的相关性为0.499。总之，有关组织职业生涯管理影响职业延迟满足的研究才刚刚起步，仅限于刘晓燕等[11]的研究，从这有限的研究结果来看，组织应当为员工制定公平晋升的制度，增加专业技能学习、培训的机会等多种方式来提高员工组织职业生涯管理，从而提高其职业延迟满足的水平。

3. 社会因素

（1）代际差异。

最近一个世纪是人类历史上发展最快的一个阶段，人类经历了史上前所未有的巨大变迁，家庭、教育、社会都对人们的思维与发展产生极大的影响。有研究显示生活经验不同会导致工作态度不同[87,88]。因此，Meriac 等[89]在一项研究中发现，美国在1981~1999年间出生的人比1965~1980年间出生的人职业延迟满足水平更高，该研究对于探讨员工在工作价值观、工作伦理、延迟满足等方面的代际差异及其管理对策方面具有重要的启示作用[4]。

（2）社会拒绝。

希望被他人接受是人类的一个基本动力。当个体被社会所拒绝时，很容易产生消极的态度或行为（如抑郁、焦虑、健康状况下降），这些会使人更多地关注眼前而非将来[90]。因此，社会拒绝会对员工的延迟满足产生一定的影响。为了证明这一假设，Twenge[29]等用情境测验法进行验证，最终将所有被试随机分为2个组（社会接受组和社会拒绝组），并告知社会拒绝组的被试没人愿意与他们合作，而告知社会接受组的被试所有人都愿意与他们合作，然后采用情境测量法来测量被试的延迟满足倾向。结果表明，社会接受组比社会拒绝组的人有更强的延迟满足倾向，并且对做出延迟满足选择的决定也更加坚定。

（3）社会文化。

不同文化背景也会导致职业延迟满足水平的差异。亚洲人认为：做一些比较枯燥的工作或者假期加班是很正常的事情也很重要，他们认为这样可以让自己显得与众不同，看起来比他人更加努力从而获得他人的认可并取得更多的成绩，这体现了儒家重压抑即时满足的思想，而西方人则对此觉得难以忍受。然而，研究者们也发现，中国儿童的延迟满足水平低于西方儿童。Meriac 等[89]通过研究发现，1981～1999 年出生的人（Y 一代）比 1965～1980 年出生的人（X 一代）拥有更高的延迟满足水平。而我国许多学者的研究却显示：和 Y 一代同时代的"80 后"和"90 后"员工的自我控制能力低下，容易导致职业延迟满足水平偏低[72]。

二、工作满意度

有关工作满意度（Job Satisfaction）的研究最早起源于"霍桑试验"，1927～1932 年，美国哈佛大学的心理学教授梅奥（Mayo）和他的同事在芝加哥郊外的西方电器公司霍桑工厂进行了一系列实验[91]。发现工人不是只受金钱刺激的"经济人"，工作情感对其员工的工作行为产生影响，心理因素及所处的社会环境是决定员工的工作满意度和工作绩效的重要因素，基于此，研究者们认为工作满意度是心理和环境两种因素共同作用的结果，这一研究活动揭开了工作满意度相关研究的序幕[91]。1935 年，美国学者 Hoppock 在其博士论文 *Job Satisfaction* 中首次正式提出了工作满意度（Job Satisfaction）这一概念，Hoppock 对工作满意度进行了定义，他认为：工作满意度是工作者心理和生理两方面对工作中所涉及的各类环境因素的满足感受，即工作者对工作情境的一种主观反应，说明工作者既可能是满意的感受也可能是不满意的感受[92]。由于工作满意度在管理学中的重要地位，因此一直以来都是心理、管理等各界的研究热点，研究者们对工作满意度开展了大量的研究，并形成了许多的研究成果。对于工作满意度的研究，当前主要集中在概念界定、相关理论基础、测量、影响因素、积极效应等方面。

（一）工作满意度的相关概念界定

美国学者 Hoppock（1935）在 *Job Satisfaction* 中首次将工作满意度定义为：个体在生理和心理上对其工作环境因素所产生的满意程度的感受，是对工作情境的一种主观的反应[92]。工作满意度对员工工作的积极性、职业承诺、职业认知、职业怠倦等都有着一定的预测作用，甚至对于个体工作之外的生活也会产生一定的影响[92]。这是第一次正式提出工作满意度这一概念并对其概念进行的界定。随后，工作满意度这一概念受到学者们的极大关注，并引发了大量的研究。首先，研究者们根据各自的研究方向和理解，从不同的角度对工作满意度的概念进行界定，推动了工作满意度的理论发展。从当前的研究来看，工作满意度的定义主要可以分为综合性定义、差距性定义和参考性架构定义三种。

1. 综合性定义

综合性定义是指把工作满意度作为一个单一的概念来进行界定，是对自身工作一个整体的认识和测评，认为工作满意度是一个可以直接回答工作满意或者不满意的问题，是个体对工作本身以及与工作相关的组织机构的总体看法，是其对工作环节中的各相关要素的整体评估，包括个体或员工对其所从事工作的工作条件、工作环境、工作强度、基本保障和工作压力等的一种总体的知觉与评估，带有一定的情绪、情感方面的解释[93]。这种类型的定义主要强调和关注的是工作者自身对工作及相关工作环境的所感和所想，进而形成的一种认知、评价及态度。如 Hoppock 认为员工对工作满意的程度，是一种整体性的心理状态，是一个内容层面和涵义结构都比较单一的概念，没有必要划分为多个层次和多个维度进行测量与评估[92]；有研究者进一步提出：工作满意度是员工对工作本身的一种自我感觉和主观情绪，是评价工作之后的一种情感状态[94]。进入 21 世纪后，研究者对工作满意度的概念提出了新的观点，Weiss 认为：工作满意度是个体在工作的过程中所体验到的积极情绪状态、对工作的情感反应和工作态度，即个体工作中体验到的一种主观心理感觉[95]。

2. 期望差距性定义

差距性定义可以叫作"需求缺陷性定义"，主要强调的是"个人所得"和"个人应得"两者之间的差距大小。它指的是个人所得到的收入与个人期望所得到收入两者之间的差值[96]。这一差值通常体现在工作者所从事的生产及劳动中。从收入角度来说，如果个人所得的收入与期望所得的收入之间的差值较小，则个人认为自己的价值得到了越充分的体现，产生的心理感觉也越发的愉快[97]。相反，如果个人所得收入与期望所得收入的差距值较大，则个人产生出负面情绪，认为自身的价值没有得到充分体现，从而对公司失去信心。在针对工作的满意度问题上，美国心理学家 Vroom（1964）提出了期望理论，通过研究，Vroom 提出：工作满意度取决于员工期望与实际工作情况相吻合的程度，若现实情况相对于期望情况较低，便滋生出对于工作的不满情绪，若现实相对于期望较高，便产生满意情绪[98]。在美国心理学家 Vroom 后，又有其他研究者对工作满意度也做出了定义，他们认为，实际报酬与期望报酬两者差距同工作满意度恰成反比。在特定的环境和员工自身所从事的工作中，工作者所获得的实际报酬与预期报酬两者之间存在差值。实际报酬与期望报酬之间所形成的差距越大，则工作的满意度越低，反之则越高[99]。从国外研究者的理论中就可以看出这样一个共性，即实际及期望报酬之间的差距对工作满意度的高低有重要影响。在特定的工作环境下，期待报酬与实际报酬的差距对工作者内心波动产生影响，差距越大（期待报酬低于实际报酬），内心波动越大，满意度越低；相反，则满意度越高。

我国经济发展起步较晚，相对于国外，对工作满意度的研究起步也较晚。国内学者谢义忠等通过研究指出：工作满意度作为一个相对概念，主要取决于两个方面：一方面强调员工在从事自身工作方面上的主观感受，另一方面强调员工在自身工作上所持有的客观期望，如果这种主观上的个人感受过于强烈，甚至超过客观上的期望，个人产生心理上的负面影响，满意度会降低。而如果客观上的期望值高于主观感受，则会对个人产生较为积极的影响，从而促使满意度的提升[100]。

不论是国内或者国外，期望差距性定义都得到广泛的认可及延伸。即便伴随社会发展与进步，它的特征也极为明显：研究个人实际所得与期望所得之间的差距，个人所得与个人应得之间的差距来探讨工作满意度。

3. 参考性架构定义

通过期望所得与差距所得所做出的定义就像人体绘画中的骨骼，抛却了其他因素的干扰，其所形成的整个理论雏形，从自身所得与期望所得这一角度出发，单一而片面，缺乏一定的参照物，虽然有一定的参考价值，却不能够完全提升员工的工作满意度[101]。那么，是否能形成一种理论，能够从客观环境上出发，了解员工的心理动态，从而更好地提高员工的工作满意度呢？

参考架构的形成，正是从这一角度出发。1959 年，国外学者 Herzberg[102] 最早提出：工作的各个客观性因素综合作用所形成的特征与员工自身动机相互作用，两者间互为影响，最终形成工作满意度。这是参考性架构定义形成的开始。在后来的几十年里，这一定义得到了详细的阐述，美国学者 Dessler 认为，企业员工在自身所从事的工作中，通过员工人身安全、工作健康性、个人发展及成长、员工与员工（领导）间的相互人际关系等条件，形成一个综合的参考性架构，在这个架构中通过各条件的对比分析，形成自身的工作满意度[103]。可见，满意度是一个综合比较的结果。

我国的研究者通过对国外理论的研究，也做出了自己的论断，比较有代表性的如徐光兴、白景文、赵晶晶等，这些研究者对国外理论进行延伸，生成了组织架构这一定义。即员工在工作生产中，各分组进行工作阶段任务的分配，内部管理、协调及合作，员工通过组织工作，形成自己的感知及评价，通过感知及评价，进而形成自身的工作满意度。有国内学者通过研究后认为，在组织系统内部中，员工会通过自我认知生成一项参考系统或对比框架，在此系统或框架中，对现在所从事的工作进行逐一对照，进而解释自己的内心感受及态度。在工作环境（诸如企业氛围、员工关系、员工报酬、考核制度）这一客观因素影响下，主观性的心理感受及自我解释才是影响员工工作满意度最重要的因素[104]。

（二）工作满意度的测量

学者们对于工作满意度的测量，基本都是多维度测量，这种测量考虑到多方面的因素，不再单一。工作满意度由多个维度和方方面面的组合而成，在分别测量的基础上，得出不同维度或因素的得分，最后把不同维度的得分进行相加，得到影响满意度的最优组合因素。伴随时代的发展，还将拥有更多与时俱进的满意度测量。就目前，较常用的相对趋于成熟的工作满意度测量问卷有以下几种：

1. 明尼苏达满意度量表（Minnesota Satisfaction Questionnaire，MSQ）

明尼苏达满意度量表共计 120 道题目。由 Weirs 等在 1967 年编制[105]，主要涵盖晋升、薪酬、同事、创造力、安全感、人际关系和工作条件等工作层面。这一量表虽然在一定程度上涉及的内容并不十分完整，但因其开发较早，目前已相对成熟。它分为长式量表和短式量表两种。长式量表有 100 道测量题目，是由 20 个分量表组成，由于题目过多，误差上难以控制，研究中一般不太使用。短式量表共 20 道题，包含内部满意度、外部满意度和一般满意度三个分量表，包括了活动、提升、同事、能力、人际关系、创造性、公共监督以及稳定性等主要维度[105]。

2. 工作描述指标量表（Job Description Index，JDI）

工作描述指标量表是 Smith 等在 1969 年提出的，这项指数量表一共有 20 个项目，通过这些项目对工作自身、报酬、晋升、上级和同事五个方面进行测量，对于这些要素的评估可以形成对工作满意度的综合测量[106]。量表采用李克特三级评分法进行计分，根据答案分别计 3 分、1 分和 0 分，量表共有 72 个题目，将72 个题目分为 5 个维度，将 5 个维度的分数相加即可得到工作满意度的总得分，总分越高，说明总体的工作满意度越高。JDI 量表的使用较为广泛，在美国原始量表经历过多次反复的验证，显示量表具有良好的信度与效度，测试的效果较佳，受到众多研究者的一致认可。在国内，也有较多的研究者使用 JDI 量表作为工作满意度的测量工具。中调网的一项统计数据显示，约有近 80% 的国内研究者使用 JDI 量表作为工作满意度的测评量表，并且量表的信度与效度得到研究者们的一致好评，因此，中调网将 JDI 量表进行了中文化调适，翻译为中文版本并进行修订，为国内的工作满意度测量提供了有良好信度与效度的可靠测评工具[107,108]。

3. 工作满意度量表（Job Satisfaction Survey, JSS）

1985 年，西方学者 Spector 通过对员工进行满意度的调研，将员工的工作满意度影响因素进行研究分析，最终总结出工作环境、薪酬、领导、同事沟通、福利、升职、绩效奖励等九个方面作为工作满意度评价标准，并以此为标准形成了工作满意度量表[109]。量表共计 36 道题目，采用李克特 6 点量表进行评分，分别为"非常同意""同意""比较同意""不太同意""不同意"和"非常不同意"，其中数字越大代表越同意，6 分表示"非常同意"，1 分表示"非常不同意"，总分为 36~216 分，分数越高表示被试者的工作满意度越高。此量表意在为员工的工作满意度提供可靠的测量工具，以便更好地提高员工的工作满意度。陈立和杨鹃[110]、王洁和徐大真[111]均采用此量表进行研究，显示此量表在中文化背景下也具有良好的信度与效度。

4. 工作满足量表（Job Satisfaction Inventory, JSI）

工作满足量表由 Lawler 和 Hackman（1973）编制而成。该量表从自尊自重、成长与发展、受重视程度、主管态度、独立思考与行动、工作保障、工作待遇、工作贡献、制定工作目标与方式、友谊关系、升迁机会、顾客态度、工作权力 13 项上来衡量工作满意度[112]。

5. 工作诊断调查量表（Job Diagnostic Survey, JDS）

工作诊断调查量表由 Hackman 和 Oldham[113,114]编制而成。JDS 主要包括工作特征和个人成果，共有 15 个项目，量表采用七点李克特量表，根据答案得分从低到高分别计 1~7 分。量表可以用来测量工作者的一般满足、内在工作动机及特殊满足（包括工作安全感、待遇、社会关系、督导及成长等方面），此外，本量表还可同时测量工作者的个人成长需求强度。先前的研究表明，对于以下五个工作特征，有一个清晰明确的简单结构：技能种类，任务种类，任务意义，反馈和自主性。

6. 工作满足指数量表（Idex of Job Satisfaction）

工作满足指数量表由 Brayfield 和 Rothe（1951）编制，Brayfield 和 Rothe 为了衡量员工一般的工作满意程度，亦即整体满意度而编制成[115]。这一工作满意度的测评工具主要从差距（Discrepancy）的观点，即员工在工作中所获得的感悟及认知，通过"期望获得的满足"与"实际获得的满足"之间的差距，形成一个定量的总和。工作满足指数量表主要可分为与工作本身直接相关的内在满足及与工作并无直接关联的外在满足。整体满足维度包括了个人专长与兴趣合适程度、学习的机会、工作的保障等方面的内容；内在满足是指薪资福利收入水平、晋升与职业发展、职业声誉地位等；外在满足是指员工对工作的环境、与领导的关系、与同事间关系等方面的满意程度。量表包括 6 个条目，采用李克特 5 点计分法进行评分，分别为：非常同意、同意、没意见、不同意及非常不同意 5 个等级，依次分别计 5 到 1 分。所有的条目的计分使用正向计分。总体得分越低，说明工作满意度越低。反之亦然。

7. 国内员工工作满意度量表

我国国内员工满意度量表同样形成较晚。在 2007 年，学者凌文辁等通过对西方理论的研究，在国外各类有关工作满意度调查问卷的基础上，编制并开发出了中国企业的员工满意度问卷[116]。无独有偶，在借鉴明尼苏达满意度量表等国外成熟问卷的基础上，卢嘉、时勘等设计了国内的工作满意度调查问卷[117]，该问卷共 25 个题目，包括领导管理水平、工作报酬、同事关系等内容。因该问卷在实际工作中表现出良好的信度与效度，所以得到国内企业广泛和普遍的应用。与明尼苏达满意度量表相似，两者都有显著水平。满意度评测表格对领导作风、企业管理、薪酬、工作本身、同事协作进行测评，评测中采用了"非常同意、一般同意、有点同意、有点不同意、一般不同意、非常不同意"的 6 点评分法，此量表的适用性正符合当下中国国情。郭静静编制了公安消防官兵的工作满意度量表[118]，探索性因子提取了6个因子。因子1测量工作本身，包含6个条目；因子2测量发展前途，包含6个条目；因子3测量情感支持，包含5个条目；因子4测量工作负荷，包含6个条目；因子5测量福利待遇，包含4个条目；因子6测量组织政策，包含5个条目，量表共计32个条目，所有条目负荷值在0.468和0.813之间，总量表与6个分量表的内部一致性系数较好；内容效度与结构效度也较好，采用LISREL 8.70软件对量表结构进行验证性因素分析，结果显示模型拟合较好。杨海等以367名军官为研究对象编制了针对军官的工作满意度测评量表，包括6个维度，分别是薪酬福利、发展晋升、上级、同事、下级、工作本身，总量表的Cronbach's α系数为0.921，验证性因子分析显示量表的结构效度良好，量表的效标效度同样较好[119]。

除工作满意度在企业中的应用，在我国教育领域，员工满意度量也同样适用。鉴于教师这一职业特殊性，相对其他行业或组织来说，其工作满意度的结构或有差异。我国学者陈云英、孙绍邦[120]经过研究，在多次测试及修订后，编制了"教师工作满意度量表"，这一量表将教师工作满意度分成6个维度，即工作性质、物理条件、薪水、进修提升、人际关系、领导管理。这是工作满意度量表在教育领域的极大突破。著名学者冯伯麟，在总结教师工作满意度的五个因素后，编制了教师工作满意度量表。其主要内容为教师价值的自我实现、工作强度、工资收入、领导关系及同事关系[121]。王洁和徐大真[122]针对中职教师编制了专门性的测量工作满意度的工具，量表包括5个维度：薪酬待遇、组织管理、学生积极性、同事关系、环境资源；量表总解释率为68.918%，采用验证性因素进行结构效度分析，结果显示，CFI = 0.928，TLI = 0.914，SRMR = 0.059，RMSEA = 0.053，表示量表结构效度良好，同时也具有良好的内部一致性信度。文晓巍则编制了针对高校教师的工作满意度的专门测量量表，包括学校行政、收入、科研、教学、同事关系、提升、监督、高校环境8个维度，有良好的内部一致性[123]。何樱与陈冠燃则翻译了35个条目的医学教师工作满意度量表并对此进行信度和效度检验，探索性因子分析共抽出6个因子，总量表的Cronbach's α系数为 0.890，内容效度为 0.91，信度与效度良好，为医学教师工作满意度的测评提供可靠的工具[124]。洪岑[125]则对有博士学位的高校教师的工作满意度的测评工具进行研制，结果显示测评工具包括 5 个维度，有良好的信度与效度。黄桂梅等[126]以广东省的教师为样本，编制了 7 因子的中学教师工作满意度量表，分别是领导与管理、同事关系、付出与回报、工作压力、职业认同、环境与资源、学生与家长。

（三）工作满意度的重要作用

随着社会经济的飞速发展及繁荣，特别是在当今世界经济全球化的形势下，机遇与挑战并存。对于中小企业乃至国有企业，吸引人才、重视人才的应用已成为座右铭。企业已明显感受到人才对行业发展，特别是对于知识密集型企业及整个社会的发展都至关重要。陈旧的"以企业利益为中心""企业利益高于一切"的激励机制已不适宜时代发展的步伐。提高员工的工作满意度，通过改善工作条件及客观工作环境，提高员工的经济待遇，必会产生良好的效果。

面对国内外的大形势，对于工作满意度的评价研究尤为重要。同生活及个人职业生涯发展的满意感不同，工作满意度主要是一种态度，这种态度的产生源于对工作或工作经历的效果评估。通过员工满意度的研究，既可以明确企业在管理中所面临的客观问题，也可以依据企业在发展中遇到的这些"瓶颈"，更好地查缺补漏，系统地解决问题，通过反复的满意度效果评价分析及改善，使企业的管理方式进一步得到改善。与此同时，满意度调查还可以起到防患于未然的作用，它能有效地诊断企业员工所反映的实质性问题，利用科学而合理的方法保障员工的身心健康，提高员工的工作积极性及工作质量，减少人才流失。相对来说，这种方式以其低廉的成本及富有成效的作用，已成为许国内外许多企业管理诊断的评价标准。

对于工作满意度评价主要有以下几个方面的作用：①有效帮助企业进行组织诊断及修复；②影响企业的未来绩效；③保障员工的心理健康；④有效提高员工的工作质量。作为年度绩效考核的指标之一，像一些知识密集型企业诸如诺基亚、朗讯等每年都会投入工作满意度评价中去。通过工作满意度评价分析，可以在一定的程度上和范围内帮助单位的领导层更好地了解员工的基本满意状况：了解到员工的心理情况，组织在哪一方面最需要改进，需要哪些因素助力员工发展。对工作满意度的评价，已成为组织中一种早期警戒的指针，为企业人力资源管理决策提供重要的依据，意义重大。

1. 工作满意度对工作投入的影响

工作满意度对工作投入的影响是当前工作满意度研究领域的一个研究热点。工作投入（Job Involvement）的概念最初是 Lodahl 和 Kejner[127] 对 Allport（1947）的"自我投入"（Ego – involvement）概念和 Dubrin（1956）的"生活兴趣重心"（Center of Life Interest）概念进行了整合然后提出。Lodahl 认为：工作投入是指个体在心理上对工作投入的程度，或者说工作在个人的自我印象中的重要程度。投入关系到个人对组织工作的积极参与对工作的付出，员工承担某一项工作任务时要承担与之相应的义务，组织员工通过投入时间、精力、物力以体现对这一角色的认同程度；相反，组织员工个人也与其本人的工作角色密切相关、不可分割[127]。研究者们对于工作投入的积极意义进行了许多关注，并且相关研究发现工作投入会对组织员工的行为态度和工作绩效产生影响，是激励组织员工的一个重要的关键因素。Brown 和 Leigh[128] 通过调查研究发现，组织中的员工的工作投入水平越高，则他们获得的工作绩效也就越高，Kahn 的研究也支持这一结论，他发现组织员工的工作投入（包括高度的工作责任心、协作精神、创新意识）行为与其产生的工作绩效呈显著的正相关关系。Rich 等[129] 亦通过研究发现：工作投入对任务绩效有正向影响，在组织员工的直接上级的眼中，工作投入程度较高的员工，任务绩效会更好。郭涛[130] 通过调查分析，对高校教师的工作投入与工作绩效进行相关分析，发现两者的相关系数达到 0.309，呈显著相关关系，即说明工作投入会正向影响高校教师的工作绩效。也有人对工作投入与离职倾向的关系进行了探讨，结果显示组织员工的工作投入越高，则离职意愿比较低，即工作投入与离职意愿是负相关关系。Blau 和 Boal[131] 对两者的关系进行了研究，结果显示组织员工的工作投入程度是员工离职行为的重要预测因子，这可能是因为员工工作投入越多，获得的工作绩效越受到上级的肯定，离职意愿就越低。一项以 212 名公司员工为调查对象的研究表明：公司员工的工作投入能够对员工和幸福感及其各个维度产生显著的正向影响[132]。由于工作投入是对于个人对工作投入与付出程度的描述，对于组织员工的工作绩效和心理健康有着重要的影响，因此近年来已经成为组织行为学、教育学、心理学、人力资源管理等众多领域关注的一个热点问题。

工作满意度是指组织中的员工对于工作环境的主观体验，即组织员工对自己所从事工作本身的满意程度。工作投入是组织员工在工作中的一种工作情感。有关工作满意度对工作投入的影响也开始引起学者们的关注，并成为组织行为学与人力资源管理领域的一个热门课题，目前已经有不少研究者对此开展了相关研究并得到了基本一致的结论。有关工作满意度与工作投入关系的研究最早开始于Hopppck 和 Kahn 进行的研究，并证实了二者之间的正相关关系，随后 Hall 在一项研究中，以工作投入作为一种前因变量，探讨两者的关系，结果显示工作满意度水平越高，工作投入越高，工作投入随着工作满意度水平的提升而增加。而后的有关实验研究中，Schuler[133] 在探讨工作满意度与工作投入关系时，将工作投入作为一种调节因素进行研究，亦证实了二者之间有关系。虽然西方国家对于工作满意度对工作投入的影响进行了较多研究，但这一研究在我国开展的时间不长，一项以银行员工为对象的调查研究，以工作满意度作为自变量，对于总体工作满意度及工作满意度各维度与工作投入的相关关系进行探讨，并确立了两者之间的正相关系数。2009 年，梁日宁[134] 以女性医护人员为研究对象，采用心理学的研究范式，探讨了家庭环境、工作满意度、工作投入三者之间的联系，亦得出相同结论。同一年，张丽芳[135] 将工作满意度与工作投入的关系研究引入教育领域，为教师的心理与管理提供参考与借鉴，她以中学教师为研究对象对两者关系进行深入分析后，认为在中学教师群体中，工作满意度与工作投入两者亦呈现出正相关的关系。周阳宗[136] 将这一研究范式拓展至地铁施工管理员工领域，将工作满意度作为调节因素对两者关系进行分析，结果显示两者关系在这一领域仍然适用。王丽婕[137] 将这一研究推进到林业企业员工工作满意度研究中，发现工作满意度与工作绩效呈正相关关系，工作投入则在两者关系中起到完全中介效应；而工作投入在工作满意度和其他方面的绩效之间也是一个中介变量，并具有一定的调节作用。总之，有关工作满意度与工作投入的关系已在国内外的研究中得到证实，并正推广到众多的学科领域，并且两者之间的正相关关系在目前已经进行研究的众多领域中均是同样存在。当然，在以后的相关研究中也需要进一步扩大样本来源与容量，也应更多考虑两者关系中的人口学与社会学变量的影响，同时在两者关系中，是否还有其他态度、行为、认知、人格等方面的变量存在中介或调节作用，仍然是未来研究需要进一步探讨的地方。

2. 工作满意度对离职倾向的影响

工作满意度对离职倾向（Turnover Intention）的影响是工作满意度研究领域的另一个热点问题。随着现代社会与经济的发展，人们已经意识到人才是社会经济发展的关键因素，关键性人才也是组织发展中不可或缺且无法取代的核心资源，因此，如何降低组织员工的离职倾向和离职率、防止优秀员工的流失是组织机构关注的焦点。组织员工的离职倾向及其管理问题一直以来都是人力资源管理研究的重大问题，如何有效预测组织员工的离职倾向并减少离职现象已成为当前组织行为学的重要热点问题。离职倾向是组织中的员工在组织内体验到不满意并感到无望之后产生的一种退缩意识与行为[138]，Mobley[139]亦认为，离职倾向是组织员工在特定组织经过一段时间的工作，经过一段时间考虑后，决定要主动离开组织的意向，是一种主动离职的行为。离职倾向是通过对两种不同的力量产生的原因和强度进行比较而发生的，一种是吸引人才进入单位，体现了现在工作的吸引力；另一种是离心力，是员工将现在的工作与其他选择进行比较后觉得现在的工作缺乏吸引力。人口学变量（包括年龄、性别等）、职业变量（职业承诺、职业规划等）、工作满意度是3个对离职倾向有较大影响的因素[140]。Bal 等[141]进行的一项研究结果表明，对于那些短期任职的组织员工来说，高工作投入与低离职倾向在一个长时间段里存在显著的正相关关系，而随着时间发展，任职时间越来越长，工作的稳定性和离职倾向对于那些任职时间长的组织员工来讲作用更加显著。Knudsen 等[142]的一项以 823 位戒毒所心理顾问作为访谈和调查对象的研究结果显示：较高的主管素质对结果公平和程序公平有显著的正向影响作用，较高的工作自主权、结果公平、程序公平又会对离职倾向产生很大的负面影响，即对降低离职倾向有一定的积极作用。也有研究者发现程序公平与离职倾向之间没有相关关系，而分配公平对离职倾向有显著的影响。一项以西部基层法院为对象的研究调查了 301 名基层法官，调查结果显示：职业风险中的社会风险和固有风险对组织中的员工的离职倾向产生正向影响，组织公平中的分配公平与程序公平对离职倾向起负面作用，并有较强的作用。在实际中，组织员工的离职倾向对于组织员工的离职行为、人才的流失、组织队伍的稳定性有着严重的负面影响，是困扰企事业单位管理人员的一大难题，因此，如何降低组织员工的离职倾向是一个备受关注的话题。

有关工作满意度对离职倾向的影响，最早来自 March 和 Simon[143] 的一项研究，他们构建了一个模型，从两个方面（维度）对离职倾向进行研究后得出如下结果：工作满意度和内部调迁会对离职倾向的程度产生影响，而工作机会则会对离职的难易程度产生影响。Porte 等的研究结果也显示工作满意度与离职行为之间有着显著的负相关关系，他们认为工作满意或者不满意代表了员工的一种心理的趋避倾向，这种趋避的倾向在一些其他变量的影响下使员工产生离职的倾向[144,145]。Carsten 和 Spector[146] 也通过研究确定了员工工作满意度与员工的离职率之间存在着显著的负相关关系。George 和 Joner[147] 的研究显示，工作满意度对离职倾向有显著的影响，并且这两者的关系受到积极情绪和价值获得两个变量的双重调节。Schwepker[148] 对环境与组织承诺的相关性进行了探讨，在这项研究中指出：工作满意度对组织承诺有正向直接的影响，而组织承诺对离职倾向有着负向直接的影响。Kim 等[149] 在一个对工作满意度与离职倾向的研究中指出，在服务导向计划实施之后，工作满意度对组织承诺产生正向直接影响，对离职倾向产生负向直接影响，而组织承诺对离职倾向产生负向直接影响，工作满意度通过组织承诺为中介变量对离职倾向产生负向间接的影响。Aziz[150] 以快餐店员工为对象，对其进行调查后发现，工作满意度与经济方面的奖励均可以有效降低组织员工的离职率。Delobelle 等[151] 通过研究发现，离职倾向受到年龄、受教育程度、工作满意度等因素的影响。越年轻、教育程度越高，对于工作满意度则会有着更高的要求，离职倾向也就越容易出现。

对于工作满意度与离职倾向的影响，国外的研究者经过在不同的群体中的研究与检验，均证实两者之间存在负相关关系，同时存在一些中介变量和调节变量。国内相关研究起步较晚，然而随着中国社会与经济的快速发展，这两者的关系也受到国内学者的关注并展开一系列的探讨。叶仁荪等[152]以国企员工为对象，对其工作满意度、组织承诺与离职倾向的关系进行分析，研究后发现工作满意度与组织承诺均会对离职倾向产生显著的负向影响，同时，工作满意度相比组织承诺来说，对员工的离职倾向有更大的影响作用。李华[153]的研究证实了这一结论，他发现，工作满意度与组织承诺呈显著正相关关系，工作满意度和组织承诺均与离职倾向呈显著的负相关关系。Yang[154]认为，工作满意度对感情承诺有显著正向的影响，这可能是导致员工产生离职倾向的原因之一。刘京梅[155]也对此进行了深入研究，她在研究中将组织承诺与工作满意度分成维度进行讨论，并采用回归分析法对工作满意度、组织承诺、离职倾向的总体相关性进行回归分析，结果显示工作满意度和组织承诺均对离职倾向有显著的负向影响。Egan[156]以中国台湾酒店的一线员工为对象进行调查分析，结果证明工作满意度和感情承诺对员工的离职倾向有很大的负向影响，即工作满意度水平高的员工更加愿意留在组织中，有更低的离职倾向；相反，对自身工作状况不满意的员工会产生和形成辞去当前工作而去其他单位就职的行为意图。Liu等[157]的研究发现，在中国环境下，个人与组织契合程度能够有效预测组织员工的离职倾向和工作满意度。Chen等[158]的研究结果显示，对未来的工作期望在工作满意度与员工离职倾向的关系中起调节作用。总之，国内外许多研究者对工作满意度与员工离职倾向的关系进行了探讨，均发现工作满意度与离职倾向呈现显著负相关关系，而同时工作满意度也会通过组织承诺等变量来对离职倾向产生中介作用，而两者关系中也存在一些调节变量。员工的离职倾向如果上升，则说明员工的工作满意度在下降。这一结果表明在人力资源管理中，工作满意度所起到的重要作用，为工作满意度的研究提供了启示。管理好员工的工作满意度可以使组织或单位及时地了解组织员工对单位管理方面的认知程度，调整单位的管理策略和方向，降低组织员工的离职倾向。

组织中的任何一个管理决定均涉及组织中的全部员工，并需要根据环境的改变而不断做出调整，使之适应新的环境，管理好员工的工作满意度主要有以下几个作用。①员工工作满意度的管理能够及时地反馈组织是否有效地运行了管理的工具，组织通过调整的方式，可以了解组织员工对单位现状的发展战略、单位的组织文化、组织管理、组织人际关系、薪酬分配和个人发展等方面的满意程度，在其中发现员工积极性发挥的影响因素，按时快速完成或完善相关单位的政策，提高组织员工的工作积极性，推动组织快速和健康地发展。②管理好组织员工的工作满意度能有效地建立组织与员工之间的沟通桥梁，从而降低组织员工的离职倾向。通过有效地管理工作满意度，建立了组织与员工之间有效沟通的渠道，从而为组织提供决策、建立组织与员工之间的沟通桥梁，从而降低员工的离职倾向。③管理好员工的工作满意度，可以为组织与管理提供可靠的测量工具。通过对组织员工工作满意度的管理，不仅可以充分了解组织员工的需求，还可以反映出组织的管理成效，使组织能够根据需求及时准确地对管理手段和方法进行调整，从而减少组织员工的离职。④管理好员工的工作满意度，能够帮助组织员工在组织内的成长，从而降低组织员工的离职倾向。组织可以通过对组织员工的职业帮助与职业管理来对工作满意度进行管理，以此对员工个人职业生涯发展中存在的主要矛盾进行深入了解，以寻找出与此相应的政策和措施，帮助组织员工进行职业生涯规划与职业生涯管理，也可以让组织员工形成比较客观全面的自我认识，从而准确把握各自的努力方向与方法，而组织也可以为员工的发展提供精准的发展平台与空间，让组织员工在单位中找到自我定位，从而降低离职倾向。

3. 工作满意度对组织承诺的影响

组织承诺（Organizational Commitment）最开始由美国社会学家 Becker[159] 提出并开始研究，Becker 指出组织承诺是随着员工持续增加对组织的投入，从而自愿同时也不得不继续留在该组织的一种复杂心理现象。他还提出组织承诺在员工的职业生涯中处于不断变化的状态：一旦开始进入组织，员工就会把时间、精力、能力、情感等无所保留地奉献给事业，随着工作时间累积，员工付出越来越多的精力和情感，日益增加对组织的投入，从而对组织从心理上产生强烈的归属感，并不愿离开组织。承诺是一种心理机制，反映了组织与员工的一种心理契约，起到促使并保持员工持续职业行为的效果。以 Mowday 为首的研究者大大推动了组织承诺相关研究的开展[160]，目前，组织承诺已经成为管理学和心理学领域关注的方向，是当前世界各国学者深入关注的一个焦点问题。在 Buchanan 看来，Becker 仅从经济上对组织承诺进行了解释，这样界定存在很大的缺陷，因此，他们对组织承诺从另一个角度进行重新界定。Buchanan 认为组织承诺应当表现为组织中的员工对于组织的依赖与情感，组织员工由于对组织有深厚的情感，会将自己是组织成员的这一重要身份作为自己生活的重要组成部分，从而发自内心地对组织付出精力与情感，而不是考虑组织由于自己的离开会造成经济损失[161]。随着对组织承诺这一领域的不断深入研究，学者们在此领域不断深化与归纳从而形成了一些理论，为后续研究奠定了基础，但同时也存在许多的研究空白与不足，为后续研究的开展提供了研究的空间。

Meyer 在对前人研究的成果进行充分全面深入的分析之后，提出了二维理论来解释组织承诺，根据二维理论，组织承诺包括两个维度：感情承诺和持续承诺，并据此而编辑了组织承诺的相关测量工具[162]。在此之后，组织承诺的多维因素理论开始陆续出现，如 Meyer 和 Allen[163] 创新性提出的三因素理论，即组织承诺包括规范承诺、持续承诺和感情承诺，三因素模型成为组织承诺研究中影响深远的经典多因素模型。在三因素模型中，员工离职的损失感受、留职的欲望、情感依赖是组织承诺三个重要组成部分，因此，组织承诺可以细分为规范承诺、继续承诺和情感承诺三个层面，以此来反映员工的心理活动和态度。情感承诺指的是员工的心理依赖和心理认同度，其水平的高低与职工留在组织的意愿呈显著正相关。继续承诺指的是员工离职之后内心的损失感受，继续承诺的水平高，表示员工对组织的经济依赖大。规范承诺是员工继续留在组织内的一种主观意愿，体现的是员工对组织的内在责任感，规范承诺的水平高低决定了员工自愿留在组织的愿望的强烈程度。国内有关组织承诺的研究起步稍晚，但研究者们早已注意到组织承诺的重要价值，因此引起了相关领域的重视，研究者们开展了一系列研究并取得了一系列成果。凌文辁等[164]根据实际，提出了中国企业职工的组织承诺理论。将企业职工的组织承诺划分为包括经济承诺、理想承诺、感情承诺、规范承诺和机会承诺五个层面。刘小平和王重鸣[165]对组织承诺形成机制的综合模型进行了构建。研究者大多将承诺视作忠诚的一种表现，以此来测量员工是留在组织或离开组织的意向，但也有一些研究者从不同的方面与视角来解释承诺的内涵。总之，大量研究显示，组织承诺对于预测员工的工作投入、离职意向、工作绩效等均有着重要意义。

有关工作满意度与组织承诺之间的关系一直是人们研究的热点，并且目前比较一致的观点是工作满意度与组织承诺两者之间呈显著的正相关关系。但是对于工作满意度与组织承诺两者之间的因果关系仍然未形成一致意见，尚存在较多争论。就目前的研究来说主要包括三种观点。第一种观点认为组织承诺是自变量，工作满意度是因变量，工作满意度随着组织承诺水平的提升而提高。如 Kovach[166]最初提出这一观点，他认为工作满意度是组织承诺的组成部分，即组织承诺可以预测工作满意度；Bateman 和 Strasser[167]认为，是组织承诺影响工作满意度，也就是说，组织承诺越强的员工，具有越高的工作满意度；Markovits 等[168]指出：情感承诺对内在工作满意度和外在工作满意度均具有显著的影响；Dedeo glu 等[169]的一项实证研究以酒店员工为研究对象，研究结果证实组织承诺对工作满意度有着显著的正向影响作用。

一些研究者对此有不同意见，他们通过研究得出不同的结论，形成了第二类观点：工作满意度对组织承诺产生影响[170]。如 La Lopa[171]指出工作满意度是预测组织承诺的一个重要因子，同时还能够对承诺、绩效、员工工作质量进行有效的预测与评价，所以，工作满意度对于组织员工各种意向、态度与行为有重要影响，但工作满意度是否与组织承诺的各个维度同样相关却有待进一步研究。一些对此进行的实证研究的研究结果支持这一观点，有人将工作满意度分为内部满意度和外部满意度两个维度，然后结合组织承诺进行实证研究，得出的结论也与此类似；也有一些研究显示，工作满意度会受到教育、培训、道德风气、支持性和创新性等因素的影响，而对组织承诺有显著的正向作用[172,173]；Mathieu 和 Zajac[174]通过元分析，发现提高工作满意度可以促进组织承诺的提高。员工的工作满意度对组织承诺有显著的正向影响作用在国内一些研究中得到证实[175-177]。也有一些研究者的研究发现以上两种看法均有其正确性，他们中和前面两种观点，提出第三种看法，认为工作满意度与组织承诺两者相互影响[178]，即组织员工对组织的情感、目标会对其在组织中的工作满意度产生影响，而其工作满意度也会对员工留在组织中或者离开组织的意向产生直接的影响。总之，在对国内外相关研究进行综合分析后结果显示，大多研究者比较认同第二类观点，即工作满意度会对组织员工的组织承诺产生影响，工作满意度越高，员工组织承诺水平越高，越不容易离职；相反，工作满意度低会降低员工的组织承诺，从而造成员工产生离职意向，不利于留住人才。

4. 工作满意度对职业承诺的影响

职业承诺（Vocational Commitment）的概念由 Becker[159]最先提出，目前已经是职业心理学与组织行为学的一个重要概念与研究热点。Becker 将承诺这一概念界定为：由单方投入产生的维持"活动一致性"的一种内在的倾向。职业承诺是指个人对所从事职业的喜好、留恋程度，即员工对其当前正在从事的职业的一种认同、情感以及投入的态度。有研究提出，职业承诺需要从两方面来衡量：一方面是员工对本人当前从事职业的认同程度；另一方面是员工为了在当前职业领域取得进步时所花费的时间与精力的多少。高职业承诺的员工的重要表现是对所从事的职业的认同程度、投入职业发展的时间与精力的多少以及不愿意更换现有职业的意愿强度。低职业承诺的员工容易体现出对所从事职业的不认同、不投入，工作消极、敷衍了事。

对于工作满意度和职业承诺两者之间的相关关系，学术界首先肯定了两者之间存在显著的正相关关系，但对于是职业承诺正向影响工作满意度，还是工作满意度正向影响职业承诺，目前仍没有统一的定论。就如先有鸡还是先有蛋的这个问题，仍然存在较多的争论，不同学者进行研究后发现了不同的结果。第一种观点认为是工作满意度正向影响职业承诺，即员工在工作中感到满意，然后才会对此职业产生承诺，如果在工作中感受到不满意，则会降低对职业的承诺。第二种观点认为是职业承诺正向影响工作满意度，即员工对于这一职业的承诺水平越高，则越会促进其工作满意度的提升，其原因可能是职业承诺水平高的员工在工作中更加积极主动、努力进取，因此更能取得成绩，同时也会受到同事与领导的认可，最终获得更多的物质奖励和精神鼓励，从而大大提高了对领导、同事、单位、收入的满意程度，而后又进一步促进了对工作的积极投入，进入一种良性循环状态。第三种观点认为职业承诺和工作满意度是正相关关系，但目前的证据尚不能表明工作满意度是职业承诺的前因变量还是后果变量，两者之间有可能是同时发展的关系，即相互促进。第四种观点则认为在不同的职业领域中，职业承诺与工作满意度具有一致性，原因是他们把职业承诺和工作满意度均作为因变量，发现影响职业承诺的因素，同时也是影响工作满意度的因素，研究发现年龄和经验均可以预测职业承诺与工作满意度，校长的领导行为可以预测职业承诺与工作满意度。对教师而言，工作满意度与职业承诺均是教师职业发展领域的一个重要研究方向与热点问题，对于教师群体而言，高水平的压力、离职意向、缺勤率和疾病都可能会导致工作满意度的下降。但是，这一研究范式与结果受到其他研究者的质疑，他们认为这两者的预测作用很少出现一致的情况。虽然对于工作满意度与职业承诺之间的相关关系的研究已有一些，不同的学者对此持有不同的见解，但总的来说，大多数研究者还是承认工作满意度对职业承诺会有正向的促进作用。

职业承诺是指员工对于其当前所从事的职业的一种忠诚的程度，即员工对所选择的职业或行业的价值的认可与接受程度以及继续作为这一行业或职业领域的成员的意向。相对于职业承诺水平低的员工来说，职业承诺水平高的员工更加认同其所从事的职业，也会更加愿意对所从事的职业进行物力、时间、精力的投入，也更容易获得同事与领导的认可，从而体验到更多的职业方面的积极情感，从而不愿意更换当前的职业，因此，职业承诺这一组织行为学领域的概念对于员工在组织领域的行为以及员工的职业稳定性、职业规划与职业发展均具有十分重要的意义。职业承诺水平低的员工，往往表现出在工作中态度消极、厌倦工作、工作不投入，从而导致难以受到同事与领导的认可，在职业领域更是难以取得成绩，因此，职业承诺与离职意向、工作满意度、工作投入等众多组织行为学的变量均有密切的关系。而工作满意度是指员工在工作过程中的经历和经验对员工带来的喜悦、认可、积极的一种情感和态度，是员工对于当前从事的工作的满意程度。工作满意度水平高的员工相对工作满意度低的员工来说，更加愿意从事当前的工作，也说明当前的工作对于员工的职业吸引力大，会提升员工的职业承诺水平，因此，工作满意度会对职业承诺产生积极的正向影响。当前我国基本上普及了绩效工资，因此，员工的工资收入主要是根据员工的绩效来决定，积极努力的员工则大多可以获得更高的绩效，同时，完成工作的能力强、对工作认识和了解更深的员工也可以取得更好的绩效。绩效评价的结果就决定了员工的工资收入、福利水平、职称水平、职位层次、同事认可度、领导认可度、自我实现感，而这些内在和外在的报酬如果大于员工本身的预期，则会使员工的职业承诺水平更高，所以员工的职业承诺受到员工的努力程度与工作满意度的显著影响，并且是正向的影响。一些因素对职业承诺有积极的影响，如工作业绩、受认可程度、工作条件、职业晋升、工作压力、工资收入等，在 Herzberg[102] 的"双因素理论"中，这些因素都是激励因素的一部分，提高员工努力程度即工作投入的最有效最直接的办法就是改善激励因素，即意味着职业承诺会与员工的工作投入正向相关，职业承诺水平高的员工，会更加充满激情与兴趣地去完成工作，从而在工作的过程中做到主动承担责任、积极进行职业生涯规划，从而获得更高的工作绩效。因为他们完成工作主要是依靠兴趣，具备强烈的内部动机，而不是来自制度等方面的外部压力，因此，职业承诺是工作努力程度的重要预测因子。国外的一项研究显示，工作满意度与职业承诺是既独立又相互联系的一组变量，两者既有区别，又有联系，各自有各自的形成机制、前因变量与结果变量，两者之间也存在相互的作用。同时还有研究发现，员工的工作满意度与职业承诺中的情感承诺维度显示为正相关关系，与职业承诺的继续承诺维度显示为负相关关系。

有研究发现教师的工作满意度与教师的职业承诺呈显著的正相关关系，教师的领导满意度、同事关系满意度、教学工作满意度、晋升满意度、整体满意度均与职业承诺中的情感承诺因子、规范承诺因子呈正相关关系，说明教师的工作满意度越高，他们的情感承诺和规范承诺得分越高，这可能是由于教师对于该职业的喜爱与领导行为、领导水平、同事关系等有关，上下级、同级之间的关系融洽，工作满意度越高，教师越愿意继续从事这一职业，更愿意将精力和时间投入这一职业，同时也可以取得更好的成绩，进一步得到同事与领导的认可，让尊重的需要得到充分满足，进一步增强工作满意度。教学能力与教师的自我职业生涯发展如果能得到大的发展，也会导致工作得到领导与同事的认可，从而产生心理归属感，从情感上认同与喜爱教师这个职业，从而愿意投入工作。对领导、同事的认同，导致工作成员之间的关系融洽，可以不断内化教师的职业道德规范，加深对职业的认同，因此，良好的上下级关系、同事之间关系体现在领导能及时给予教师工作上和生活上的关怀与帮助，同事之间在有困难的时候也能相互帮助，从而形成一个温暖、充满人文关怀的集体，使教师的职业承诺水平得到加强，更加投入地工作。教师的领导满意度、同事关系满意度与代价承诺呈正相关关系，代价承诺是教师对离开教师这一职业之后需要付出的代价的评估与态度，教师越担心离职后失去当前利益，则越会加强职业方面的承诺，也会体现出工作满意度的提升。综上所述，工作满意度体现的是员工对于当前工作的一种认知、情感与态度，职业承诺体现的是员工对当前职业的一种稳定的情感与态度，工作满意度与职业承诺之间是显著的正相关关系。

5. 工作满意度对工作绩效的影响

"绩效"（Performance）一词来源于管理科学，指的是成绩与效益的总和。工作绩效（Job Performance）一直以来就是组织行为学与人力资源管理中的一个核心研究问题，它是有关组织对于组织中的成员的一种期望以及对于成员形成更多效益和成果的目标的一种描述。在国际上对于工作绩效的概念依据结果或者行为进行了多种定义，目前还没有一个完全统一的界定。张爱卿与钱振波[179]认为工作绩效是组织员工在工作过程中的行为、态度以及所产生的结果的总和。然而这并不影响这一概念在提出上百年之后，仍然是多个领域的研究热点。Campell等提出了八因子的工作绩效模型，包括陈述性知识、程序性知识与技能、激励三个层面，说明工作绩效包括两方面的行为：直接涉及工作效率的行为和间接促进工作效率的行为。Borman 和 Motowidlo 则将工作绩效分为周边绩效与任务绩效两个方面；Janssen 将工作绩效分为传统绩效与创新绩效两个维度；Welboume 和 Johnson 基于角色认同理论构建了五因素的工作绩效理论模型；韩翼构建了包括任务绩效、学习绩效、关系绩效、创新绩效四个维度的工作绩效结构模型[180-182]。

  在绩效研究的领域中，对于工作绩效的组成，目前得到学者们一致认可的理论是任务绩效与周边绩效是工作绩效的两个部分，这两个部分一起构成了完整工作绩效，这一理论目前也发展到了相对比较成熟的阶段，对于实践有着很强的指导意义。对于这一理论来说，最有代表性的就是 Motowidlo 等提出的绩效二元结构理论，这也是目前应用最为广泛的一个经典理论，二元结构理论也是最早提出工作绩效由任务绩效与周边绩效两个方面构成的理论，根据二元结构理论，周边绩效是指构成组织的心理、社会、经济背景的行为，比如自愿帮助同事、协助同事合作完成工作任务、利用休息时间完成本职外的工作任务，周边绩效还可以包括周边工作贡献与人际关系促进；任务绩效是指员工对所在组织完成工作所产生的直接贡献[183,184]。Motowidlo 和 Scotter 提出的这一个有关工作绩效的二元结构理论模型受到许多专家学者们的关注并进行了大量的实践检验[184]。

  对于工作满意度与工作绩效的关系，随着研究的发展与深入，主要经历了 3 个典型的时期，分别是早期的因果关系观点、近期的非因果关系观点、当代的重新定义观点。最初对于工作满意度与工作绩效之间关系进行探讨的学者们认为：两者之间是简单的因果关系。同时，他们还尝试采用一些方法对这种简单因果关系进行证实。这一观点主要包括：①工作满意度正向影响工作绩效。这一观点主要来源于社会心理学中有关态度决定行为的理论，在社会心理学中，许多有关态度的研究都会涉及行为，并认为行为是由态度引起的，因此导致了认同这一观点的研究者们也认为工作绩效是由工作满意度决定的。如有研究证据表明工作满意度与工作绩效的各维度之间均有密切的相关性。工作满意度高的员工爱岗敬业，喜爱自己当前从事的工作，对组织文化与组织价值观高度认同，根据组织发展目标来确定个人的成长目标，加大对各项组织工作的投入程度，从而就具有较好的工作绩效。从各维度来看，人际关系维度与管理制度维度均与工作绩效的各个维度具有密切的相关性，说明员工的工作绩效与组织中的人际关系与组织管理制度有高度的相关性，融洽的人际关系与合理的组织管理制度对于员工增加工作投入、提高工作绩效均有重要的意义。Peng 以大学图书馆馆员为对象进行研究，采用结构方程模型来分析工作满意度（包括内在满意度和外在满意度）对工作绩效（包括任务绩效和周边绩效）的影响。结果显示内在工作满意度对工作绩效（包括任务绩效与周边绩效）均有重要的积极预测作用。Safia Farooqui 等对组织员工的工作满意度与工作绩效关系进行调查分析后发现：组织员工与组织相一致时，个体能感受到最为强烈的工作满意度，从而正向影响工作绩效，与此同时，组织员工与组织高度匹配时，则个体更加容易融入组织，所做的调整最小，因此工作满意度会通过影响组织员工的个人绩效从而决定组织的绩效。②工作绩效会正向影响工作满意度。这一观点正好与前面一种观点相反，它来源于社会心理学中有关行为决定态度的理论，如自我决定理论、期望值理论、认知评价情绪理论等，Deci 和 Ryan's 提出自我决定理论认为[185]：工作中的满意度是来自奖励，而奖励则是由行为决定的，因此，行为动机在这个关系中有着十分重要的影响。这一观点亦得到一些实践方面的证据支持，如工作做得好，能获得领导与同事的支持与认可，从而获得他人的尊重，并得到更多的奖励与酬劳，从而提高了对工作的满意程度，虽然这一观点有许多支持者，并有许多研究者试图寻找证据进一步证实这一观点，但得到的结果却并不完全一致。一方面，有些研究者通过研究后发现工作绩效对工作满意度有显著的正向影响的证据；另一方面，有些研究者通过实证研究却未发现工作满意度与工作绩效之间存在显著关系。③也有研究者发现工作满意度与工作绩效之间是相互关系，即工作满意度会正向促进工作绩效，而工作绩效也会正向促进工作满意度的提高。当时的研究者们对此开展了一系列的讨论，却未取得统一的观点。对于产生这种不一致的结论的原因，可能源自当时的实证研究主要是以假设为基础，主要参考的理论是社会心理学中关于态度与行为关系的理论，而这种态度与行为关系理论将态度与行为的关系考虑得偏于简单，这种简单的关系论在社会生活与生产实践中的不足受到人们的关注与探讨，比如有人认为如果员工由于生活压力的原因而努力工作，那么就会出现工作满意度越低就会越努力工作，从而取得更高的工作绩效，这种现象主要体现在沿海打工人员上；而如果员工追求轻松闲适的工作，那么工作满意度越高，则工作投入越少，从而工作产出越少，工作绩效越低，这种现象主要体现在国有企事业单位中。基于以上原因，工作满意度与工作绩效不能看着是简单的因果关系，而必须充分考虑其他因素的中介与调节作用，方能更好地解释这二者之间的相互关系。

对于工作满意度与工作绩效之间关系的探讨一直未曾停止，但其相关关系仍难以得到统一的定论，这其中的原因如一些学者所说，可能是由于工作满意度和工作绩效的概念需要重新界定。Edwards 等通过研究后指出：工作满意度的整体水平与工作绩效的任务绩效和关系绩效是显著的正相关关系，但在对工作满意度的不同维度与两种绩效进行分别研究时，发现监督满意度与关系绩效的相关性要比与任务绩效的相关性更为显著，而工作满意度与任务绩效的相关系数比与关系绩效的相关系数更高。这一结果显示工作满意度与工作绩效的关系研究中，这两个变量的概念界定或者测量方法上仍有不足，需进一步检验与完善。一些人认为工作满意度的认识与测量不够合理，如对工作满意度的测量更多偏向于认知而非情感，而工作中的积极情绪是可以导致良好工作效果的；也有另一些人认为绩效的范围界定过小而不全面，如 Ostroff[186] 认为不应当从个体水平考虑这两者的相关关系，他还发现满意度程度更高的组织员工的群体，会比满意度低的员工群体的工作效率更高。这一拓展为两者关系的探讨提供了新的思路，只是暂时还缺乏相应的证据。总之，有关工作满意度与工作绩效的关系，研究者们进行了许多的研究，并产生了不一样的结论，而各种观点又均有其支持证据，但对于大多数的研究者来说，基本上认同这二者之间存在一定的相关性，同时可能受到一些中介变量的中介作用，也可能受到一些调节变量的调节作用，但更加复杂的关系模型需要建构从而探讨多个变量之间的复杂关系。

（四）工作满意度的影响因素

工作满意度一直是组织行为学的重要研究概念，因此，对于工作满意度的影响因素的研究热情一直高涨，对以往有关工作满意度影响因素的相关研究文献资料进行分析，可以看出一方面对于工作满意度的影响因素越来越多，而另一方面，各个影响因素之间还常常存在相互的复杂关系，因此研究的复杂性也较高。

1. 国外关于工作满意度影响因素的研究

有关工作满意度影响因素的研究最初发起于国外，国外研究者对此进行了大量的研究。Hoppock[92]以企业员工为研究对象，从工作内容、物质条件多个方面对员工工作满意度的影响因素进行考察，结果显示企业员工的工作疲劳、工作内容的丰富性、领导方式、工作条件等多个因素都会影响企业员工的工作满意程度，从此开拓了工作满意度影响因素的研究。Herzberg[102]则提出了双因素论并以此理论为基础来探讨员工的工作满意度，他认为工作满意度包括六个方面：工作本身、工作成就、所获认可、工作成就、工作责任、晋升空间，同时还提出了监督体制、公司政策、与管理者的关系、与同事的关系、与下属的关系、在公司的地位、个人生活、工作条件、工资待遇、工作保障10个工作满意度的影响因素。他认为：员工所从事的工作本身、在工作中自身能否得到良好发展、在工作中获得的成就感、从事的工作得到社会认可的程度均会对员工的工作满意度产生重要影响，而企业制度、人际关系、薪酬收入、工作环境等因素均可能导致员工工作满意度的下降。Friedlander[187]则通过研究员工的心理动机发现，员工的社会认可度（包括收入、晋升、挑战）、自我实现感（个人才干能否发挥）、社会技术环境因素（上级、人际关系、环境）均是影响员工工作满意度的重要因素。Vroom[188]通过对以往相关文献资料的分析，进行工作满意度的影响因素的总结分析，最终归纳总结出工作满意度的影响主要是七个方面：工作性质、管理者、工作环境、管理制度、发展空间、薪酬待遇、人际关系，而在此研究基础上，Locke等[189]提出自我实现、管理者和组织外成员等也是影响员工工作满意度的重要因素，即影响因素可以归纳为10个方面。而Arnold等[190]认为工作本身、领导、报酬、晋升、环境与团队这六个方面是影响员工工作满意度的主要因素。也有研究显示影响员工工作满意度的因素包括个人发展空间、忠诚度及薪酬待遇。Arnold 和 Feldman[191]也对工作满意度的影响因素进行归纳与精炼后，认为应当包括工作性质、薪酬待遇、工作环境、发展晋升、管理者、工作团体等几个方面。Brown 等[192]则认为影响员工工作满意度的主要因素应当包括工作业绩成果、角色感知、个人背景差异、组织变量。OECD（经合组织）于 1998 年通过调研后发现，职业自主性、工作强度、稳定状态、工资收入、发展能力、工作价值是影响工作满意度的重要因素。Robbins[193]则提出，决定工作满意度的重要因素包括五个方面：工作环境的舒适性、薪酬待遇的公平性、人际关系的融洽性、工作本身的挑战性、工作与爱好的一致性。有研究者以医务工作者作为研究对象，以领导风格为前提假设进行构建，结果显示：薪酬收入、福利待遇、晋升空间、工作条件是导致员工工作不满意的主要因素，而领导风格和工作本身是导致员工工作满意的主要原因[194,195]。Ooi 等[196]提出：团队文化、客户、组织氛围、认同感、信任感、回报是影响员工工作满意度的重要变量。Kara 等[197]以五星级酒店员工为对象，对工作满意度的影响因素进行探讨，特别分析了不同学历员工的工作满意度，结果显示管理条件、个人成就、工作条件、能力展现是影响酒店员工工作满意度的最重要的变量。Latif[198]分析培训对员工工作满意度的影响，结果显示培训的环境、培训的内容、培训的负责人都会对工作满意度产生影响。

2. 国内关于工作满意度影响因素的研究

相较之下，因为有关工作满意度影响因素的研究起步较晚，但这一研究热点亦受到国内各界的许多关注，很多学者展开了一系列的研究并形成了系列的成果，推动了工作满意度的理论研究与实践推广。当前比较有代表性的研究自 1992 年左右开始进行。如有研究者对护士的工作满意度开展研究，比较精神科与非精神科护士在工作满意度方面的差异。方俐洛等[199]对我国科技人员的工作满意度进行调查研究。冯伯麟[121]对教师的工作满意度开展研究，指出教师工作满意度的影响因素包括工作强度、自我价值实现、管理者水平、薪酬待遇、人际关系等几个方面；也有人对合资企业员工的工作满意度进行研究，他认为管理者、工作性质、员工自身、人际关系、工作环境、薪酬制度是影响企业员工工作满意度的重要因素，同时，员工的人口学特征（如性别、年龄等）也会对工作满意度产生影响。卢嘉等[200]通过研究指出管理者行为、劳动报酬、团队合作、工作性质、管理制度等是工作满意度的影响因素。一项研究从采用实证研究对员工的工作满意度影响因素进行探讨，证实员工的组织规划、入职培训、行业环境等因素均会对员工的工作满意度产生较大影响，另一项以国有企业员工为对象的研究显示，国企员工的工作满意度受到社会环境、物质报酬、家庭生活、人际关系、自身条件等多个因素的影响。张勉、李树苗[201]采用实证方法研究企业员工的工作满意度，并根据影响大小对各因素进行排序，来找出工作满意度影响因素中最关键与核心的因素。袁声莉、马士华[202]通过研究得出结论：岗位、年龄、岗龄、企龄、学历、收入、工作性质、岗位匹配度、发展前景等十类因素是影响员工工作满意度的重要变量。李颖玲[203]通过实证分析发现，根据影响因素对工作满意度的影响程度的大小，从大到小依次为后勤保障及支持、物质回报、成长与发展、精神回报、经营管理、企业制度。许明月与刘凤霞[204]发现工作环境、绩效评价、领导方式、工作本身等对各个领域的员工的工作满意度均有显著的影响，其中绩效评价对知识型员工工作满意度的影响最大。张立威等[205]对员工进行研究，实证研究的结果显示员工工作满意度的影响因素主要包括：环境、人际关系、管理参与度、制度、工作性质、薪酬待遇、沟通、领导力等多个方面。辜应康等[206]以饭店员工为对象进行工作满意度的影响因素研究，结果显示，薪酬福利、工作内容、个人发展、环境、领导、人际关系是最重要的影响因素，同时，由于员工本身的差异，导致不同员工对这六个方面的重视程度也不一样。穆洪华等[207]以组织行为学中的"态度三因素模式"为理论借鉴，针对物流业员工进行实证分析，发现企业文化、工作性质、职责满意、外部环境、工作回报和发展空间、组织公民行为六大情感因子是物流员工的工作满意度的影响因素。

通过对以往研究进行综述分析后可以发现，研究者们对工作满意度的影响因素关注较多，也形成了较为丰富的理论与实践成果，并正在向纵深推进。但当前的研究结果并未取得研究者们的统一意见，工作满意度的影响因素多而复杂是当前的现状，但在所有工作满意度影响因素中，薪酬待遇、领导行为、外部环境、激励制度、工作本身、人际关系等因素是被绝大多数学者所认可的变量，并且，在相关研究中出现的次数也较多。总的来说，当前有关工作满意度主要围绕工作满意度的概念界定、测量、结构维度、重要价值、现状与影响因素进行展开，研究的对象涉及企业员工、医护人员、教师等众多领域，已开展的研究已取得一系列成果并逐步向纵深推进，但同时也存在一些研究的空白与不足。

第三章　农村小学教师职业延迟满足的调查分析

　　可靠的测量工具是心理学研究开展的基础，对于职业延迟满足的测量工具，研究者们进行了一系列的探索，为研究的进一步开展奠定了基础。刘晓燕等[11]编制了国内第一个职业延迟满足量表，包括工作延迟满足和职业生涯延迟满足2个维度，共8个项目，该量表作为第一个中文版本的职业延迟满足量表，信度和效度较好，受到研究者们较多使用[61,84,85]。此量表主要是以企业员工为样本进行编制，目前已在企业员工和护理工作人员中应用并证实有良好的信效度，然而在农村教师群体中应用的信度与效度尚未得到证实，基于此，本研究参考相关研究[208,209]，将刘晓燕等编制的职业延迟满足量表应用于农村小学体育教师群体中：一方面检验量表的信度与效度，为相关领域职业延迟满足的研究中提供一个有效的测评工具；另一方面对农村小学体育职业延迟满足现状进行调查，并分析其特征，为进一步的研究奠定基础。

一、对象与方法

（一）对象

2017 年 3～10 月，对湖南省农村小学体育教师进行横断面调查（包括湘潭县、湘乡县、双峰县、宁乡县、洞口县、湘阴县、祁东县、华容县、江永县、桑植县、衡山县等 20 个县、60 多所农村小学），共发放问卷 285 份，删除填写有规律和填写不完整的调查问卷 23 份，回收有效问卷 262 份，问卷的有效回收率为 91.93%。其中男性 125 人、女性 137 人；30 岁以内占 129 人、31～40 岁 40人、41～50 岁 48 人、51 岁以上 45 人；大专及以下学历 99 人、本科 163 人、无硕士研究及以上学历者；每月工资收入在 1000～1500 元的 41 人、1501～2000 元的 51 人、2001～2500 元的 62 人、2501～3000 元的 42 人、3001～4000 元的 40人、4000 元以上的 26 人。调查征得教师本人的同意，所有调查对象均被提前告知该项目的研究目的，自愿参加该调查。

（二）测量工具

1. 基本情况调查问卷

以相关研究为基础，编制农村小学体育教师基本情况调查问卷，包括年龄、性别、学历、月工资收入等，具体内容见附录问卷（一）。

2. 职业延迟满足量表

刘晓燕编制的职业延迟满足量表，共计 8 个条目，包括 2 个维度，分别命名为工作延迟满足和职业生涯延迟满足。量表采用李克特 4 点计分法进行计分，从1 分表示非常不符合到 4 分表示非常符合。总量表和工作延迟、职业生涯延迟 2个分量表的 Cronbach's α 系数分别为 0.776、0.759 和 0.707，量表中各项目得分与总分之间具有显著的相关性，分别为 0.476 ~ 0.828，显示量表有良好的内部同质性，同时，量表的结构效度与效标效度也较好[11]，具体内容见附录问卷（四）。

3. 组织公平量表

采用王君的组织公平量表。该量表包括 3 个维度 15 个条目，其中分配公平包括 4 个条目，程序公平包括 5 个条目，领导公平包括 6 个条目。总量表的 a 系数为 0.903，3 个分量表的 a 系数分别为 0.709、0.859、0.893。验证性因子分析显示各项拟合指数均达到测量学的要求，说明量表具有良好的结构效度。量表采用李克特 5 点计分法进行评分，分别是完全不符合 = 1、比较不符合 = 2、不确定 = 3、比较符合 = 4、完全符合 = 5[210]，具体内容见附录问卷（五）。

4. 工作满意度量表

采用 Schreisheim 和 Tsui 编制的工作满意度量表。量表显示为单维结构，包括 6 个条目，分别用以评估对工作本身、领导、同事、收入、晋升机会以及工作整体的满意程度，以此来描述和评估工作满意度。量表的所有条目均是正向计分，采用 Likert 5 点计分法进行评分，从非常同意、同意、没意见、不同意及非常不同意分别给予 5 到 1 分之计分方式。分数越低表示对工作的满意程度越低，反之亦然。量表的内部一致性系数为 0.688[211]，具体内容见附录问卷（二）。

5. 一般自我效能感量表

自我效能感是指个体对自己面对环境中的挑战能否采取适应性的行为的知觉或信念。一个相信自己能处理好各种事情的人，在生活中会更积极、更主动。这种"能做什么"的认知反映了一种个体对环境的控制感。因此自我效能感是以自信的理论看待个体处理生活中各种压力的能力。本研究采用一般自我效能感量表（GSES）进行测量，量表由 Schwarzer 等编制，王才康等（2001）翻译修订为中文版，并对其信度和效度进行检验。结果发现 GSES 具有良好的信度，其内部一致性系数 Cronbach's α 为 0.87，重测信度为 0.83（P < 0.001），分半信度为 0.82（n = 401，P < 0.001）。探索性因子分析进行主成分分析，从 GSES 中只提取 1 个特征根大于 1 的因子，说明 GSES 只有一个维度，具体内容见附录问卷（三）。

（三）统计分析方法

统计分析方法：数据采用 SPSS 15.0 软件和 AMOS 7.0 统计软件分析，定性资料以例数和构成比表示，定量资料以均值和标准差表示，两组定量资料的组间比较采用独立样本 t 检验或配对 t 检验，多组定量资料比较采用单因素方差分析，两两比较采用 SNK 法；量表的信度分析采用内部一致性信度分析，效度分析通过结构效度进行验证，两变量的相关性分析采用 Pearson 相关分析，自我效能感在职业延迟满足与工作满意度的中介作用分析通过 AMOS 7.0 软件构建结构方程模型进行验证，组织公平在职业延迟满足与工作满意度的调节作用分析中，先计算各量表的总得分，再进行中心化处理，采用多元线性回归分析方法进行调节效应分析；以 $P < 0.05$ 为差异有统计学意义。

二、结　果

（一）对象的基本情况

本研究共发放问卷 285 份，删除填写有规律和填写不完整的调查问卷 23 份，回收有效问卷 262 份，问卷的有效回收率为 91.93%。262 名研究对象的一般资料情况如表 3 - 1 所示，其中男性 125 人（47.7%）、女性 137 人（52.3%）；30 岁以内占 129 人（49.2%）、31 ~ 40 岁 40 人（15.3%）、41 ~ 50 岁 48 人（18.3%）、51 岁以上 45 人（17.2%）；大专及以下学历 99 人（37.8%）、本科 163 人（62.2%）、硕士 0 人（0%）；每月工资收入在 1000 ~ 1500 元的 41 人（15.6%）、1501 ~ 2000 元的 51 人（19.5%）、2001 ~ 2500 元的 62 人（23.7%）、2501 ~ 3000 元的 42 人（16.0%）、3001 ~ 4000 元的 40 人（15.3%）、4000 元以上的 26 人（9.9%）。

表 3 - 1　研究对象的基本情况

		例数	构成比（%）
性别	男	125	47.7
	女	137	52.3
年龄	小于或等于 30 岁	129	49.2
	31 ~ 40 岁	40	15.3
	41 ~ 50 岁	48	18.3
	大于或等于 50 岁	45	17.2
最高学历	大专及以下	99	37.8
	本科	163	62.2
	硕士	0	0
月工资收入	1000 ~ 1500 元	41	15.6
	1501 ~ 2000 元	51	19.5
	2001 ~ 2500 元	62	23.7
	2501 ~ 3000 元	42	16.0
	3001 ~ 4000 元	40	15.3
	4000 元以上	26	9.9
	总计	262	100.0

（二）职业延迟满足量表的信效度检验

1. 探索性因子分析

为了检验数据是否适合做因子分析，对 262 份问卷进行 Bartlett 球形检验，结果显示：KMO = 0.836，P < 0.001，表明该数据适合做因子分析。采用主成分正交旋转进行探索性因子分析，依据探索性因子分析的结果提取特征根大于 1 的因子（见表 3 - 2），共提取出 2 个因子，分别解释了总变异的 48.252% 和 63.107%。提取出的 2 个因子（见表 3 - 3）与原始量表的结构一致。因子 1 包含条目 1、2、3、4 为工作延迟；因子 2 包含条目 5、6、7、8 为职业生涯延迟。表 3 - 3 结果提示各因子载荷均在 0.6 以上，验证了职业延迟满足量表的 2 因子模型。同时，根据图 3 - 1 的碎石图显示，从第 3 个因子开始，特征值点就趋于平缓，因此保留了 2 个因子为佳。

表 3-2 各因子的特征根及方差贡献率、累计方差贡献率

因子	初始特征根			提取各因子的平方和载荷			旋转后各因子的平方和载荷		
	特征值	方差贡献率%	累计方差贡献率%	特征值	方差贡献率%	累计方差贡献率%	特征值	方差贡献率%	累计方差贡献率%
1	3.860	48.252	48.252	3.860	48.252	48.252	2.675	33.432	33.432
2	1.188	14.855	63.107	1.188	14.855	63.107	2.374	29.675	63.107

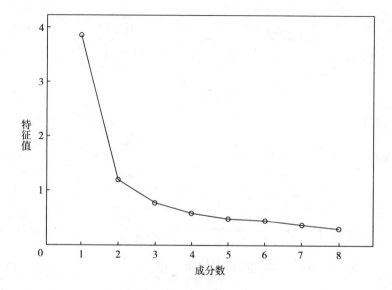

图 3-1 碎石图

表 3-3 旋转后各因子载荷表

	因子1	因子2
B1	0.734	—
B2	0.663	—
B3	0.753	—
B4	0.793	—
B5	—	0.812
B6	—	0.767

续表

	因子 1	因子 2
B7	—	0.806
B8	—	0.748

2. 量表的验证性因子分析

结构效度为了考查测量数据与构想模型的拟合程度以及项目与各因子之间的关系，一般采用验证性因子分析进行评价[212]。评价指标依据侯杰泰[213]的建议，采用多个指标来进行综合评价。绝对适配指标上，采用 χ^2/df、GFI、SRMR、RMSEA。相对适配指标则采用 AGFI、CFI 以及 IFI。简效适配指标则是采用 PNFI 以及 PGFI，其值都需大于 0.5。各量表的拟合结果见表 3-4，除少部分拟合指标未达到要求外，大部分量表测量数据与构想模型的拟合程度较好，提示本文所使用的量表结构效度较好。量表的结构模型见图 3-2。

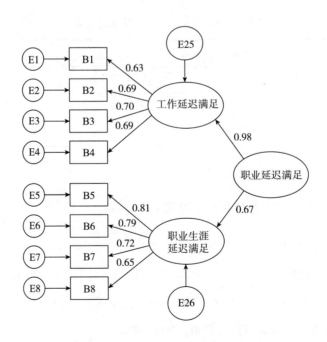

图 3-2　职业延迟满足量表结构方程模型

表3-4　职业延迟满足量表拟合指数一览表

指标	χ^2/df	GFI	CFI	RMSEA	IFI	AGFI	PGFI	PNFI
参考标准	<3	>0.90	>0.90	<0.080	>0.90	>0.80	>0.50	>0.50
职业延迟满足	2.413	0.961	0.966	0.074	0.967	0.923	0.481	0.607

3. 职业延迟满足量表的信度检验

量表的信度检验包括内部一致性信度、重测信度、分半信度等[214]，本研究采用内部一致性和重测信度2项指标来检验职业延迟满足量表的信度。通过对问卷的数据分析显示，量表总的Cronbach's α系数达到0.846，工作延迟和职业生涯延迟两个维度也均在0.7以上，提示量表的内在一致性信度较好。对35名研究对象在施测后2周进行再次测量，计算重测信度，从两次测量的相关系数来看，相关系数均在0.8以上，提示量表的重测信度较好，具体见表3-5。

表3-5　职业延迟满足量表的信度

变量	Cronbach's α 系数	重测信度
工作延迟维度	0.769	0.811
职业生涯延迟维度	0.829	0.832
总量表	0.846	0.818

（三）农村小学体育教师职业延迟满足得分情况

1. 总体得分情况

通过对问卷的数据分析显示，从均值来看，量表的总体均值为2.88，各条目的均值在2.70～3.00波动，具体见表3-6。工作延迟的得分大于职业生涯延迟得分，差异有统计学意义（t=2.740，P=0.007）。

表3-6　农村小学体育教师职业延迟满足得分情况

潜变量	条目	平均值	标准差
工作延迟	B1	2.91	0.83
	B2	2.99	0.83
	B3	2.86	0.82
	B4	2.98	0.72
	合计	11.74（2.94）	2.47（0.62）
职业生涯延迟	B5	2.73	0.95
	B6	2.85	0.98
	B7	2.86	0.79
	B8	2.86	0.79
	合计	11.31（2.83）	2.86（0.72）
合计		23.05（2.88）	4.67（0.58）

2. 差异性分析

（1）性别差异

独立样本 t 检验显示，男性与女性农村小学体育教师在职业延迟满足方面的得分虽略有差异，但无统计学意义（$t = 1.118$，$P = 0.265$）。具体见表3-7。

表3-7　农村小学体育教师职业延迟满足的性别差异

指标	性别	均值±标准差	t 值	P 值
工作延迟满足	男（125）	11.62±2.26	0.804	0.422
	女（137）	11.86±2.64		
职业生涯延迟满足	男（125）	11.10±2.90	1.131	0.259
	女（137）	11.50±2.82		
职业延迟满足	男（125）	22.71±4.56	1.118	0.265
	女（137）	23.36±4.77		

（2）学历差异

独立样本 t 检验显示，专科及以下学历研究对象在职业延迟满足的得分大于学历为本科的研究对象，差异有统计学意义（$P < 0.05$）。具体见表3-8。

表 3 – 8　农村小学体育教师职业延迟满足的性别差异

指标	学历	均值 ± 标准差	t 值	P 值
工作延迟满足	专科（99）	11.93 ± 2.41	0.946	0.345
	本科（163）	11.63 ± 2.50		
职业生涯延迟满足	专科（99）	11.87 ± 2.70	2.507	0.013
	本科（163）	10.96 ± 2.91		
职业延迟满足	专科（99）	23.80 ± 4.51	2.032	0.043
	本科（163）	22.60 ± 4.73		

（3）年龄差异

单因素方差分析显示，不同年龄间职业延迟满足的得分差异有统计学意义（P < 0.05），总体而言，两者均是随着年龄的增加先升后降，即 30 ~ 40 岁和 40 ~ 50 岁年龄组的农村小学体育教师的职业延迟满足水平高于 30 岁以下组和 50 岁以上组。具体见表 3 – 9 和 3 – 10。

表 3 – 9　农村小学体育教师职业延迟满足的年龄差异

指标	学历	均值 ± 标准差	F 值	P 值
工作延迟满足	≤30 岁（129）	11.32 ± 2.58	5.184	0.002
	31 ~ 40 岁（40）	11.63 ± 2.33		
	41 ~ 50 岁（48）	12.92 ± 2.08		
	≥50 岁（45）	11.82 ± 2.28		
职业生涯延迟满足	≤30 岁（129）	10.70 ± 3.01	7.750	0.000
	31 ~ 40 岁（40）	11.65 ± 2.42		
	41 ~ 50 岁（48）	12.90 ± 2.12		
	≥50 岁（45）	11.04 ± 2.88		
职业延迟满足	≤30 岁（129）	22.02 ± 4.93	8.412	0.000
	31 ~ 40 岁（40）	23.28 ± 4.06		
	41 ~ 50 岁（48）	25.81 ± 3.54		
	≥50 岁（45）	22.87 ± 4.39		

表 3 - 10 事后 LSD - t 多重比较

因变量	(I) 年龄	(J) 年龄	P 值
工作延迟	小于或等于 30 岁	31 ~ 40 岁	0.482
		41 ~ 50 岁	0.000
		大于或等于 50 岁	0.228
	31 ~ 40 岁	小于或等于 30 岁	0.482
		41 ~ 50 岁	0.013
		大于或等于 50 岁	0.707
	41 ~ 50 岁	小于或等于 30 岁	0.000
		31 ~ 40 岁	0.013
		大于或等于 50 岁	0.029
	大于或等于 50 岁	小于或等于 30 岁	0.228
		31 ~ 40 岁	0.707
		41 ~ 50 岁	0.029
职业生涯延迟	小于或等于 30 岁	31 ~ 40 岁	0.058
		41 ~ 50 岁	0.000
		大于或等于 50 岁	0.468
	31 ~ 40 岁	小于或等于 30 岁	0.058
		41 ~ 50 岁	0.036
		大于或等于 50 岁	0.313
	41 ~ 50 岁	小于或等于 30 岁	0.000
		31 ~ 40 岁	0.036
		大于或等于 50 岁	0.001
	大于或等于 50 岁	小于或等于 30 岁	0.468
		31 ~ 40 岁	0.313
		41 ~ 50 岁	0.001
职业延迟满足	小于或等于 30 岁	31 ~ 40 岁	0.122
		41 ~ 50 岁	0.000
		大于或等于 50 岁	0.274
	31 ~ 40 岁	小于或等于 30 岁	0.122
		41 ~ 50 岁	0.009
		大于或等于 50 岁	0.676
	41 ~ 50 岁	小于或等于 30 岁	0.000
		31 ~ 40 岁	0.009
		大于或等于 50 岁	0.002
	大于或等于 50 岁	小于或等于 30 岁	0.274
		31 ~ 40 岁	0.676
		41 ~ 50 岁	0.002

（4）收入差异

单因素方差分析显示，不同收入差别则无统计学意义（F = 1.893，P = 0.096）。但事后检验采用 LSD – t 进行多重比较，发现 1000 ~ 1500 元组的得分要低于 2500 ~ 3000 元组和 4000 元以上组，有显著差异，其余各组之间无显著差异。具体见表 3 – 11 和表 3 – 12。

表 3 – 11　农村小学体育教师职业延迟满足的收入差异

指标	学历	均值 ± 标准差	F 值	P 值
工作延迟满足	1000 ~ 1500 元（n = 41）	11.27 ± 2.65	0.848	0.517
	1501 ~ 2000 元（n = 51）	11.57 ± 2.59		
	2001 ~ 2500 元（n = 62）	11.94 ± 2.40		
	2501 ~ 3000 元（n = 42）	11.95 ± 2.58		
	3001 ~ 4000 元（n = 40）	11.55 ± 2.31		
	4000 元以上（n = 26）	12.35 ± 2.13		
职业生涯延迟满足	1000 ~ 1500 元（n = 41）	10.22 ± 2.84	2.553	0.028
	1501 ~ 2000 元（n = 51）	11.12 ± 2.73		
	2001 ~ 2500 元（n = 62）	11.08 ± 2.56		
	2501 ~ 3000 元（n = 42）	12.05 ± 3.09		
	3001 ~ 4000 元（n = 40）	11.65 ± 2.83		
	4000 元以上（n = 26）	12.19 ± 3.09		
职业延迟满足	1000 ~ 1500 元（n = 41）	21.49 ± 5.16	1.893	0.096
	1501 ~ 2000 元（n = 51）	22.69 ± 4.89		
	2001 ~ 2500 元（n = 62）	23.02 ± 3.97		
	2501 ~ 3000 元（n = 42）	24.00 ± 4.95		
	3001 ~ 4000 元（n = 40）	23.20 ± 4.49		
	4000 元以上（n = 26）	24.54 ± 4.39		

表 3 – 12　事后 LSD – t 多重比较

因变量	（I）月工资收入	（J）月工资收入	P 值
工作延迟	1000 ~ 1500 元	1501 ~ 2000 元	0.563
		2001 ~ 2500 元	0.181
		2501 ~ 3000 元	0.208
		3001 ~ 4000 元	0.608
		4000 元以上	0.083

因变量	（I）月工资收入	（J）月工资收入	P 值
工作延迟	1501～2000 元	1000～1500 元	0.563
		2001～2500 元	0.433
		2501～3000 元	0.457
		3001～4000 元	0.972
		4000 元以上	0.193
	2001～2500 元	1000～1500 元	0.181
		1501～2000 元	0.433
		2501～3000 元	0.973
		3001～4000 元	0.442
		4000 元以上	0.477
	2501～3000 元	1000～1500 元	0.208
		1501～2000 元	0.457
		2001～2500 元	0.973
		3001～4000 元	0.462
		4000 元以上	0.524
	3001～4000 元	1000～1500 元	0.608
		1501～2000 元	0.972
		2001～2500 元	0.442
		2501～3000 元	0.462
		4000 元以上	0.202
	4000 元以上	1000～1500 元	0.083
		1501～2000 元	0.193
		2001～2500 元	0.477
		2501～3000 元	0.524
		3001～4000 元	0.202
职业生涯延迟	1000～1500 元	1501～2000 元	0.130
		2001～2500 元	0.131
		2501～3000 元	0.003
		3001～4000 元	0.023
		4000 元以上	0.006

因变量	（I）月工资收入	（J）月工资收入	P 值
职业生涯延迟	1501～2000 元	1000～1500 元	0.130
		2001～2500 元	0.945
		2501～3000 元	0.115
		3001～4000 元	0.373
		4000 元以上	0.115
	2001～2500 元	1000～1500 元	0.131
		1501～2000 元	0.945
		2501～3000 元	0.088
		3001～4000 元	0.321
		4000 元以上	0.093
	2501～3000 元	1000～1500 元	0.003
		1501～2000 元	0.115
		2001～2500 元	0.088
		3001～4000 元	0.524
		4000 元以上	0.837
	3001～4000 元	1000～1500 元	0.023
		1501～2000 元	0.373
		2001～2500 元	0.321
		2501～3000 元	0.524
		4000 元以上	0.446
	4000 元以上	1000～1500 元	0.006
		1501～2000 元	0.115
		2001～2500 元	0.093
		2501～3000 元	0.837
		3001～4000 元	0.446
职业延迟满足	1000～1500 元	1501～2000 元	0.219
		2001～2500 元	0.103
		2501～3000 元	0.014
		3001～4000 元	0.098
		4000 元以上	0.009

续表

因变量	（I）月工资收入	（J）月工资收入	P 值
职业延迟满足	1501～2000 元	1000～1500 元	0.219
		2001～2500 元	0.707
		2501～3000 元	0.175
		3001～4000 元	0.600
		4000 元以上	0.098
	2001～2500 元	1000～1500 元	0.103
		1501～2000 元	0.707
		2501～3000 元	0.289
		3001～4000 元	0.845
		4000 元以上	0.161
	2501～3000 元	1000～1500 元	0.014
		1501～2000 元	0.175
		2001～2500 元	0.289
		3001～4000 元	0.435
		4000 元以上	0.642
	3001～4000 元	1000～1500 元	0.098
		1501～2000 元	0.600
		2001～2500 元	0.845
		2501～3000 元	0.435
		4000 元以上	0.253
	4000 元以上	1000～1500 元	0.009
		1501～2000 元	0.098
		2001～2500 元	0.161
		2501～3000 元	0.642
		3001～4000 元	0.253

三、讨　论

（一）职业延迟满足量表的信效度检验

本研究采用结构方程模型对职业延迟满足在体育教师中应用时的效度进行检

验。测量工具的效度评价的常用指标有：内容效度、校标效度和结构效度[215]。本研究采用这种结构效度进行效度分析，结构效度一般采用结构方程模型来进行验证，结构方程模型分析主要通过数据和模型之间的吻合程度来表示一个测验的结构效度。如果各项指标拟合较好说明测验具有较好的结构效度，在对测验效度的分析中常用的拟合指数包括绝对拟合指数、相对拟合指数和简约拟合指数。

根据侯杰泰的建议，简约拟合指数是拟合指数中引入简约原则，以惩罚参数过多的模型[213]，因模型只有 2 个维度，参数较少，故本次分析未采用简约拟合指数 PNFI 和 PGFI，而只对绝对拟合指数和相对拟合指数进行检验。采用 χ^2/df、GFI、CFI、RMSEA、IFI、AGFI、PGFI 和 PNFI 指标对模型进行拟合，对于 χ^2/df，有的研究认为小于 3 就算符合要求，REMEA $\leqslant 0.08$，AGFI、GFI、CFI、IFI 要达到 0.9，并且越大越好。有人发现 GFI 比其他模型参数更少受样本容量的影响，采用不同的模型估计方法对 GFI 的影响也不大。因而国外研究报告多以 GFI 和 AGFI 的值为准。GFI 的值在 0 和 1 之间变化，当 GFI 大于 0.90 时，表明模型很好地拟合了数据，但也有研究认为，在心理社会分析中，由于所分析现象的复杂性，GFI 很难达到 0.90 以上，一般认为，只要 GFI 大于 0.8，就可以承认模型构想的合理性了[212]。本研究中所得的 GFI = 0.961，说明通过实证探索后的职业延迟满足结构模型是完全符合要求的，而且本研究中其余各项指数均在规定范围之内，说明模型的指标较好地拟合了观测数据。以上信息提示职业延迟满足量表具有良好的信度和效度。

本研究验证职业延迟满足量表在农村小学体育教师中应用的信度与效度，结果显示，职业延迟满足量表在农村小学体育教师中应用时有显示出良好的信度与效度，同样显示为二因子模型，可以在农村小学体育教师中进行应用。本研究为我们进一步研究农村小学体育教师的职业延迟满足提供了可靠的测量工具，将会推动研究者们对于农村小学体育教师职业延迟满足的研究。

（二）农村小学体育教师职业延迟满足的现状与特征

对农村小学体育教师职业延迟满足的现状与特征进行分析，在整体上来说农村小学体育教师职业延迟满足的得分为 23.05 ± 4.67，平均分为 2.88 ± 0.58，总体来说得分尚可，这一结果略低于刘晨露[216]的研究结果，刘晨露发现中学教师职业延迟满足得分为 2.924 ± 0.52。具体从各维度来看，在工作延迟上无明显区别；但在职业生涯延迟维度上，本研究调查的农村小学体育教师的得分要低于刘晨露[216]的研究。造成这一研究差异的原因在于，一方面研究对象均为教师，接受的教育比较类似，只是毕业后的流向有所区别，因此，在工作延迟上无明显区别，但由于中学教师包括农村与城市，各方面的条件在整体上要好于农村小学，导致农村小学的体育教师相对在职业生涯上的规划与期望要低于中学教师[217]；另一方面，农村学校的教师晋升与发展空间相对较小[218]，同时农村地区生活节奏相对较慢，导致农村小学体育教师在职业生涯规划上要低于中学教师。以上原因可能导致农村小学体育教师职业生涯延迟满足得分低于刘晨露调查的中学教师。而本研究的结果对于黄涛等[219]的研究来说，得分要略高，黄涛等的研究对象为中职教师，采用的是梁海霞[220]编制的职业延迟满足问卷，一方面由于当前教育改革和发展速度快，中职学校处于快速变化阶段，部分中职学校处于招生难、就业难、发展难的困境中，因此教师难以很好地进行个人职业生涯发展规划；另一方面可能是由于测量工具不一样，计分方式也不一样，导致得分低于本研究。

本研究发现，不同性别的农村小学体育教师的职业延迟满足得分无差异，这一结果与刘晨露[216]和黄涛[219]的研究结果一致。但是，有研究发现男性企业员工的职业延迟满足高于女性企业员工，推测原因是由于我国实际社会中对男、女性在职业生涯态度的认知[64,221,222]。这也是教师与企业员工职业延迟满足的一个重要差异。此外，不同年龄农村小学体育教师的职业延迟满足存在差异性，具体体现在 31～40 岁组和 41～50 岁组的职业延迟满足水平高于 30 岁以下组和 50 岁以上组。这与阎晓华等的结果不一致[221]。阎晓华将年龄分为 5 个阶段，并认为不同年龄阶段企业员工的职业延迟满足均无差异。但这一研究结果与大多数研究者的结果一致[28,222]。Meriac 研究发现，受时代环境的影响，不同年代的人其职业延迟满足会产生代际差异，90 后的职业延迟满足会低于 70 后与 80 后[30]，这也支持了本次研究的结论。同时，这一研究提示我们可以根据农村小学教师不同的年龄阶段针对性地制定帮扶政策。

本研究还发现各收入阶段的农村小学体育教师的职业延迟满足无显著性差异，但是随着收入水平的升高，职业延迟满足水平有上升的趋势，这说明了职业延迟满足更多的是一种内在的品质与能力，与收入高低关系不大，但适当地提高收入水平对于提高农村小学体育教师的职业延迟满足水平，促进其进行更多的职业生涯规划有一定的效果。这一研究结果与刘晨露[216]的研究结果不一致，她认为随着收入升高职业延迟满足水平会呈下降趋势，可能是其调查对象来自天津等地的中学，相对本文的研究对象而言，收入相对较高，本研究的对象为农村小学体育教师，整体收入较低，部分教师难以满足基本的生活需要，从而降低了工作满意度与工作投入。这也提示我们，提高收入有利于提升农村小学体育教师的职业延迟满足，稳定农村教师队伍。同时，本研究结果也显示专科学历的农村小学体育教师的职业延迟满足水平显著高于本科学历的农村小学体育教师，这一结果得到其他研究者的支持[216]，刘晨露的研究发现中学教师的职业延迟满足水平从学历方面看是研究生学历和专科学历高于本科学历，而本次研究的农村小学体育教师，调查样本中未见研究生学历，专科学历教师的职业延迟满足水平高于本科学历教师，可能是由于本科学历的农村小学体育教师的期望值相对更高，期待有更好的发展，这也提示我们农村小学体育教师的条件有待更进一步改善，从而增加对高学历层次教师的吸引力、减少高学历教师的流失。

四、结　论

本次研究采用职业延迟满足量表对农村小学体育教师进行调查，一方面验证职业延迟满足量表的信度与效度；另一方面调查农村小学体育教师的职业延迟满足现状，并对其特征进行分析，结果显示：

（1）职业延迟满足量表在农村小学体育教师群体中应用时体现了良好的内部一致性、重测信度与结构效度。

（2）农村小学体育教师职业延迟满足总体状况良好；不同性别、收入的农村小学体育教师的职业延迟满足水平无显著性差异；学历越低的农村小学体育教师的职业延迟满足得分越高；31～40岁组和41～50岁组的农村小学体育教师的职业延迟满足得分高于30岁以下和50岁以下的。

本次研究一方面为农村小学体育教师职业延迟满足的研究提供了可靠的测量工具，同时也让我们初步了解了农村小学体育教师职业延迟满足的现状与特征，由于时间等条件的有限，本研究只是初步研究，往后还会在本次研究的基础上，深入细致进行各项内容的分组，详细调查的内容等，而农村小学体育教师职业延迟满足的相关变量也有待我们深入探索。

第四章　农村小学教师工作满意度的现状考察

　　在十九大报告中，习近平总书记明确指出"必须把教育事业放在优先位置，高度重视农村义务教育"。中国农村教师对于中国农村教育的改革、民族素质的提高、农村社会经济的发展等，起着至关重要的作用[224]。根据《中国农村教育发展报告2016》的统计数据显示：截至2015年，中国共有小学283560所，其中农村小学200199所，占全国小学的70.6%[225]。2015年中国教育部的官方数据显示全国农村教师总数为330万人[226]，相对农村学生数量的比例而言，农村教师的人数仍然不足，并且，在中国农村地区，教师辞职或者工作调离的现象十分普遍[227,228]。根据调查显示，2010~2013年间，中国农村的教师减少了142.51万人，仅仅三年时间，农村教师流失率达到30%[228]。农村体育教师是农村学校体育工作的实施者，是农村学校体育教育教学的专业人员，对农村学生养成良好的锻炼习惯、形成终身体育意识有着非常重要的作用。然而，当前农村小学体育教师却存在着"下不去、留不住、教不好"等不良现象[229]，对农村学校体育事业的发展产生了阻碍的作用。近年来，研究者们对农村小学体育教师的培养、培训、队伍建设、专业发展等方面进行了一些有益的探讨[230-233]，以此探索促进农村小学体育教师发展的途径。然而，工作满意度[234]作为一个重要的变量，对教师的教育教学绩效、学校归属感等方面具有重要影响，同时也是预测工作绩效、考核学校管理绩效的一项重要指标[235-238]，在农村小学体育教师群体中却极少受到关注，虽然已有研究者开展调查并发现中国农村小学体育教师的工作满意度较低[38,239,240]，但对于它的研究却仍然十分缺乏。工作满意度是个体对工作环境、工作方式、工作状态、工作压力、工作中的人际关系等方面的心理感受，是一种重要的员工态度变量[241]。工作满意度对于教师的工作投入、工作绩效、离职意愿等均有着重要的预测作用[242-244]，农村体育教师的工作满意度直接影响到农村学校体育教育工作的总体质量，对于农村教师队伍的稳定和农村教育事业的发展有着重要意义。基于此，本研究将 Schreisheim 和 Tsui[211]编制的工作满意度量表应用于农村小学体育教师群体中，对其信度与效度进行检验，为农村小学体育教师工作满意度的研究提供可靠测量工作。同时，对农村小学体育教师工作满意度的现状进行调查，分析其特征，为后续研究奠定基础。

一、研究对象与方法

（一）对象

2017 年 3～10 月，对湖南省农村小学体育教师进行横断面调查（包括湘潭县、湘乡县、双峰县、宁乡县、洞口县、湘阴县、祁东县、华容县、江永县、桑植县、衡山县等 20 个县、60 多所农村小学），共发放问卷 285 份，删除填写有规律和填写不完整的调查问卷 23 份，回收有效问卷 262 份，问卷的有效回收率为 91.93%。其中男性 125 人、女性 137 人；30 岁以内占 129 人、31～40 岁 40 人、41～50 岁 48 人、51 岁以上 45 人；大专及以下学历 99 人、本科 163 人、无硕士研究及以上学历者；每月工资收入在 1000～1500 元的 41 人、1501～2000 元的 51 人、2001～2500 元的 62 人、2501～3000 元的 42 人、3001～4000 元的 40 人、4000 元以上的 26 人。调查征得教师本人的同意，所有调查对象均被提前告知该项目的研究目的，自愿参加该调查。

（二）测量工具

采用 Schreisheim 和 Tsui 编制的工作满意度量表[211]。量表为单维结构，共有 6 个条目，分别对工作本身、领导、同事、收入、晋升机会以及工作整体的满意程度进行评价，最终综合形成工作满意度的综合评价指标，具体见附录问卷（二）。量表采用李克特 5 点计分法进行计分，同意程度区分为非常同意、同意、没意见、不同意及非常不同意五个等级，依其情况分别给予 5 到 1 分之计分方式。所有的条目均采用正向计分。分数越高者，代表其工作满意度越高；反之亦然。一些研究者对工作满意度量表中文版在中国样本中进行使用，发现有良好的信效度。如在中国护工样本中使用时的内部一致性信度为 0.77[245]，在中国员工中使用时的内部一致性信度为 0.89[246]，但目前尚无报道该量表在农村教师中使用的信效度，基于此，本研究对中文版工作满意度量表在农村小学体育教师样本中使用的信度与效度进行检验。

（三）统计方法

数据采用 SPSS 15.0 软件和 AMOS 7.0 统计软件分析，定性资料以例数和构成比表示，定量资料以均值和标准差表示，两组定量资料的组间比较采用独立样本 t 检验或配对 t 检验，多组定量资料比较采用单因素方差分析，两两比较采用 SNK 法；量表的信度分析采用内部一致性信度分析，效度分析通过结构效度进行验证，两变量的相关性分析采用 Pearson 相关分析，自我效能感在职业延迟满足与工作满意度的中介作用分析通过 AMOS 7.0 软件构建结构方程模型进行验证，组织公平在职业延迟满足与工作满意度的调节作用分析中，先计算各量表的总得分，再进行中心化处理，采用多元线性回归分析方法进行调节效应分析；以 P < 0.05 为差异有统计学意义。

二、结　果

（一）工作满意度量表的信度与效度分析

1. 探索性因子分析

为了检验数据是否适合做因子分析，对 262 份问卷进行 Bartlett 球形检验，结果显示：KMO = 0.841，P < 0.001，表明该数据适合做因子分析（见表 4 - 1）。进行探索性因子分析，结果显示各因子载荷分别为 0.740、0.613、0.847、0.800、0.815、0.801，均在 0.6 以上，显示各条目均符合测量学要求（见表 4 - 3）。另外，依据分析的结果提取特征根大于 1 的因子，共提取出 1 个因子，特征值为 3.588，解释了总变异的 59.804%。提取出的 1 个因子（见表 4 - 2）与原始量表的结构一致，同时，根据碎石图显示（见图 4 - 1），从第 2 个因子开始，特征值点就趋于平缓，因此保留了一个因子为佳。验证了工作满意度量表的单因子结构模型。

表 4 - 1　KMO 和 Bartlett 的检验

Kaiser - Meyer - Olkin 度量		0.841
Bartlett 的球形度检验	近似卡方	729.966
	df	15
	Sig.	0.000

表 4 - 2　各因子的特征根及方差贡献率、累计方差贡献率

成分	初始特征值			提取平方和载入		
	合计	方差的%	累积%	合计	方差的%	累积%
1	3.588	59.804	59.804	3.588	59.804	59.804

续表

成分	初始特征值			提取平方和载入		
	合计	方差的%	累积%	合计	方差的%	累积%
2	0.738	12.304	72.108			
3	0.699	11.642	83.750			
4	0.426	7.104	90.854			
5	0.291	4.848	95.702			
6	0.258	4.298	100.000			

提取方法：主成分分析。

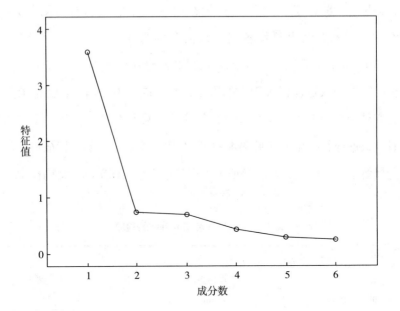

图 4 - 1　碎石图

表 4 - 3　旋转后各因子载荷表

条目	A1	A2	A3	A4	A5	A6
因子1	0.847	0.815	0.801	0.800	0.740	0.613

2. 验证性因子分析

为了考查测量数据与构想模型的拟合程度以及项目与各因子之间的关系，一般采用验证性因子分析进行评价[247,248]。评价指标依据侯杰泰的建议[213]，采用多个指标来进行综合评价。绝对适配指标上，采用 χ^2/df、GFI、SRMR、RMSEA。相对适配指标则采用 AGFI、CFI 以及 IFI。简效适配指标则是采用 PNFI 以及 PGFI，其值都需大于0.5。各量表的拟合结果见表4-4，除少部分拟合指标未达到要求外，大部分量表测量数据与构想模型的拟合程度较好，提示本文所使用的量表结构效度较好。量表的结构模型见图4-2。

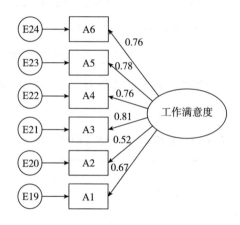

图4-2 工作满意度量表结构方程模型

表4-4 量表结构方程模型的拟合结果

指标	χ^2/df	GFI	CFI	RMSEA	IFI	AGFI	PGFI	PNFI
参考标准	<3	>0.90	>0.90	<0.080	>0.90	>0.80	>0.50	>0.50
工作满意度	2.50	0.975	0.983	0.076	0.984	0.935	0.524	0.519

3. 工作满意度量表的信度检验

量表的信度检验包括内部一致性信度、重测信度、分半信度等，本研究采用内部一致性和重测信度2项指标来检验工作满意度量表的信度。

農村小学体育教师职业延迟满足与工作满意度研究

内部一致性：通过对问卷的数据分析显示，量表总的 Cronbach 的 α 系数达到 0.859，提示量表的内在一致性信度较好。

重测信度：对 35 名研究对象在施测后 2 周进行再次测量，计算重测信度，从两次测量的相关系数来看，相关系数为 0.813，提示量表的重测信度较好。

（二）农村小学体育教师工作满意度的得分情况

本研究共发放问卷 285 份，收回有效问卷 262 份，问卷有效率为 91.93%，量表各条目及总体得分情况见表 4 - 5，结果显示，农村小学体育教师工作满意度的整体得分为 17.46 ± 4.33，条目平均分为 2.91 ± 0.72，工作本身、领导、同事、收入、晋升机会、工作整体 6 个方面的平均得分分别为 3.35、3.28、3.60、2.13、2.39、2.71，得分最低的 2 项分别是收入和晋升机会（分别为 2.13 和 2.39），得分最高的 2 项分别为同事与工作本身（分别为 3.60 和 3.35）。

表 4 - 5　量表得分的描述统计（n = 262）

编号	问题	测量内容	x ± S
A1	你对自己所从事的工作的性质感到满意吗	工作本身	3.35 ± 1.03
A2	你对指导自己的人（你的上司）感到满意吗	领导	3.28 ± 1.00
A3	你对单位中共事的人（你的同事或平级的人）之间的关系感到满意吗	同事	3.60 ± 0.96
A4	你对你的工作收入感到满意吗	收入	2.13 ± 0.83
A5	你对你在组织中能获得的晋升机会感到满意吗	晋升机会	2.39 ± 0.85
A6	考虑到工作中的每个方面，你对你当前的工作情形感到满意吗	工作整体	2.71 ± 0.97
总分			17.46 ± 4.33
条目平均分			2.91 ± 0.72

（三）农村小学体育教师工作满意度的差异性分析

1. 不同性别间工作满意度的差异性分析

为了对男性和女性的农村小学体育教师的工作满意度进行对比，采用独立样

本 t 检验进行分析，结果显示，男性在工作满意度方面的得分小于女性，差别有
统计学意义（t = 3.237，P = 0.001），具体见表 4 - 6。

表 4 - 6　不同性别间工作满意度和职业延迟满足的差异性分析

性别	工作满意度
男	16.57 ± 4.05
女	18.27 ± 4.43
t 值	3.237
P 值	0.001

2. 不同年龄间工作满意度的差异性分析

为了对不同年龄的农村小学体育教师的工作满意度进行对比，采用单因素方
差分析进行比较，结果显示，不同年龄间工作满意度的得分差异均有统计学意义
（P < 0.05），总体而言，两者均是随着年龄的增加先升后降，具体两两比较结果
见表 4 - 7。

表 4 - 7　不同年龄间工作满意度的差异性分析

年龄	工作满意度
≤30 岁	15.77 ± 4.22
31 ~ 40 岁	18.73 ± 3.39[a]
41 ~ 50 岁	20.02 ± 3.97[a]
≥50 岁	18.44 ± 3.79[a]
F 值	16.623
P 值	< 0.001

注：a 表示与 ≤30 岁组比较 P < 0.05，b 表示与 31 ~ 40 岁组比较 P < 0.05，c 表示与 31 ~ 40 岁组比较
P < 0.05。

3. 不同学历间工作满意度的差异性分析

为了对不同学历的农村小学体育教师的工作满意度进行对比，采用独立样本
t 检验进行分析，结果显示，专科及以下学历研究对象在工作满意度的得分均大
于学历为本科的研究对象，差异有统计学意义（P < 0.05），具体见表 4 - 9。

表 4 - 8　LSD 多重比较

（I）年龄	（J）年龄	均值差（I-J）	标准误	显著性
小于或等于 30 岁	31~40 岁	-2.958*	0.721	0.000
	41~50 岁	-4.253*	0.674	0.000
	大于或等于 50 岁	-2.677*	0.690	0.000
31~40 岁	小于或等于 30 岁	2.958*	0.721	0.000
	41~50 岁	-1.296	0.853	0.130
	大于或等于 50 岁	0.281	0.866	0.746
41~50 岁	小于或等于 30 岁	4.253*	0.674	0.000
	31~40 岁	1.296	0.853	0.130
	大于或等于 50 岁	1.576	0.827	0.058
大于或等于 50 岁	小于或等于 30 岁	2.677*	0.690	0.000
	31~40 岁	-0.281	0.866	0.746
	41~50 岁	-1.576	0.827	0.058

＊. 均值差的显著性水平为 0.05。

表 4 - 9　不同学历间工作满意度的差异性分析

最高学历	工作满意度
专科及以下	18.60 ± 4.18
本科	16.77 ± 4.29
t 值	3.382
P 值	0.001

4. 不同收入间工作满意度的差异性分析

为了分析收入对农村小学体育教师的工作满意度的影响，采用单因素方差分析进行计算，结果显示，不同收入间工作满意度得分差异均有统计学意义（F = 17.537，P < 0.001），随着收入的增加，工作满意度得分有逐渐升高的趋势，具体见表 4 - 10 和表 4 - 11。

表 4 – 10 不同收入间工作满意度的差异性分析

学历	工作满意度
1000 ~ 1500 元	13. 66 ± 2. 94
1501 ~ 2000 元	16. 45 ± 4. 60
2001 ~ 2500 元	17. 18 ± 3. 69
2501 ~ 3000 元	18. 95 ± 4. 24
3001 ~ 4000 元	18. 88 ± 3. 37
4000 元以上	21. 50 ± 3. 05
F 值	17. 537
P 值	< 0. 001

表 4 – 11 LSD 多重比较

(I) 年龄	(J) 年龄	均值差 (I – J)	标准误	显著性
1000 ~ 1500 元	1501 ~ 2000 元	– 2. 792*	0. 791	0. 000
	2001 ~ 2500 元	– 3. 519*	0. 759	0. 000
	2501 ~ 3000 元	– 5. 294*	0. 828	0. 000
	3001 ~ 4000 元	– 5. 216*	0. 838	0. 000
	4000 元以上	– 7. 841*	0. 946	0. 000
1501 ~ 2000 元	1000 ~ 1500 元	2. 792*	0. 791	0. 000
	2001 ~ 2500 元	– 0. 726	0. 713	0. 309
	2501 ~ 3000 元	– 2. 501*	0. 786	0. 002
	3001 ~ 4000 元	– 2. 424*	0. 797	0. 003
	4000 元以上	– 5. 049*	0. 909	0. 000
2001 ~ 2500 元	1000 ~ 1500 元	3. 519*	0. 759	0. 000
	1501 ~ 2000 元	0. 726	0. 713	0. 309
	2501 ~ 3000 元	– 1. 775*	0. 754	0. 019
	3001 ~ 4000 元	– 1. 698*	0. 765	0. 027
	4000 元以上	– 4. 323*	0. 881	0. 000
2501 ~ 3000 元	1000 ~ 1500 元	5. 294*	0. 828	0. 000
	1501 ~ 2000 元	2. 501*	0. 786	0. 002
	2001 ~ 2500 元	1. 775*	0. 754	0. 019
	3001 ~ 4000 元	0. 077	0. 833	0. 926
	4000 元以上	– 2. 548*	0. 941	0. 007

（I）年龄	（J）年龄	均值差（I-J）	标准误	显著性
	1000～1500 元	5.216*	0.838	0.000
	1501～2000 元	2.424*	0.797	0.003
3001～4000 元	2001～2500 元	1.698*	0.765	0.027
	2501～3000 元	-0.077	0.833	0.926
	4000 元以上	-2.625*	0.950	0.006
	1000～1500 元	7.841*	0.946	0.000
	1501～2000 元	5.049*	0.909	0.000
4000 元以上	2001～2500 元	4.323*	0.881	0.000
	2501～3000 元	2.548*	0.941	0.007
	3001～4000 元	2.625*	0.950	0.006

*. 均值差的显著性水平为 0.05。

5. 不同户籍间工作满意度的差异性分析

为了对不同户籍的农村小学体育教师的工作满意度进行对比，采用独立样本 t 检验进行分析，结果显示，本地户籍研究对象的工作满意度得分（17.76 ± 4.28）高于非本地户籍研究对象（15.19 ± 4.07），差别有统计学意义（t = 3.155，P = 0.002），具体见表 4 - 12。

表 4 - 12　不同户籍间工作满意度的差异性分析

是否本地	工作满意度
是	17.76 ± 4.28
否	15.19 ± 4.07
t 值	3.155
P 值	0.002

三、讨 论

（一） 工作满意度量表的信效度检验

工作满意度中文版量表作为中文版的工作满意度测量工具，已在我国多个人群中得到了运用，如在中国员工、酒店工作人员、知识员工、护工中均有使用，但目前尚未有对其信度与效度系统性评价的研究[245,246,249-251]，同时，也缺乏在农村教师中的应用。首先，本研究对量表的效度进行验证，显示量表具有良好的结构效度。测量工具的效度评价的常用指标有：内容效度、校标效度和结构效度，本研究采用这种结构效度进行效度分析，结构效度一般采用因子分析来进行验证[247]。首先，采用探索性因子分析进行主成分提取，采用最大方差法旋转提取特征根大于1的因子，共提取出1个因子，特征值为3.588，解释了总变异的59.804%，这与源量表的结构一致，说明通过实证探索后的工作满意度量表的结构模型是完全符合要求的。但其累计方差贡献率为59.804%，说明仍有部分有关农村小学体育教师工作满意度的问题和内容尚未包含在该量表中，量表仍有进一步完善的空间。结构方程模型分析主要通过数据和模型之间的吻合程度来表示一个测验的结构效度。如果各项指标拟合较好说明测验具有较好的结构效度，在对测验效度的分析中常用的拟合指数包括绝对拟合指数、相对拟合指数和简约拟合指数[213]。采用 χ^2/df、GFI、CFI、RMSEA、AGFI、IFI、PGFI、PNFI 指标对模型进行拟合，各项拟合指数均在规定范围之内，均符合测量学的要求。说明工作满意度量表在农村教师中使用时具有良好的结构效度。

本研究结果还显示，工作满意度量表评价农村小学体育教师的信度也较为理想。量表的信度检验包括内部一致性信度、重测信度、分半信度等[247,248]，本研究采用内部一致性和重测信度2项指标来检验工作满意度量表的信度。通过对问卷的数据分析显示，量表的 Cronbach's α 系数达到 0.859，提示量表的内在一致性信度较好，这与孙宁报道的量表的 Cronbach's α 系数为 0.89 的结果基本一致[246]，可以认为量表具有良好的内部一致性。对 35 名研究对象在施测后 2 周进行再次测量，计算重测信度，从两次测量的相关系数来看，相关系数为 0.813，提示量表的重测信度较好。

（二）农村小学体育教师工作满意度的现状分析

本研究结果还显示，农村小学体育教师工作满意度的整体得分为 17.46 ± 4.33，条目平均分为 2.91 ± 0.72，折合百分制为 47.75 分，总体来说得分较低，这一结果与其他一些研究结果基本一致[39,242,252,253]，如宋德香对山东济南的农村小学教师的工作满意度进行调查，发现整体的工作满意度低[253]；段晓芳对四川省某县 238 名农村小学教师进行调查，发现农村小学教师整体工作满意度低[252]；陈祥对湖南农村中学体育教师的一项调查也显示：农村体育教师社会地位总体较低，工作待遇不理想、工作认可度低、缺乏职业成就感和认同感、职业发展情况不容乐观[242]；字超亦发现农村体育教师整体的工作满意度偏低[39]。这说明了农村教师这一群体工作满意度低已是普遍现象，而农村小学体育教师作为这个群体的一部分，同样存在满意度低下的困境。

本研究还发现，中国农村小学体育教师工作满意度中，得分最低的是收入和晋升两个方面，得分分别为 2.13 分和 2.39 分，这与其他研究者的结果类似，如刘文华[254]将西部农村代课教师的工资收入与农民人均纯收入、教育行业职工平均工资、社会平均工资、人均国民生产总值四个指标进行比较，发现中国农村代课教师的工资低、增长慢、经济收入来源单一，是目前农村社会中经济收入最低的群体。一项研究显示中国某县的农村教师 2013 年的月收入在 2000 元以下的占 95%[255]，而本次调查的数据显示中国湖南农村小学体育教师的月收入有 90.1% 的低于 4000 元，收入在 3000 元以下的超过 75%，而湖南省城镇职工的每月平均工资已超过 5000 元，城镇地区教师的每月平均工资为 5400 元[256]。总之，工资收入水平低已是当前中国农村教师的一个普遍现象。除此之外，晋升难度大也是影响当前中国农村小学体育教师工作满意度的一个重要因素（本书第七章有专门的论述）。本研究在同事关系、上级关系和工作本身得分比收入和晋升机会的得分要高，这说明在农村学校的工作条件虽然艰苦，但农村教师们能充分地认识到自己工作的意义和价值，上下级之间关系融洽、同事之间关系和谐相互信任，但对于自己的劳动所得和晋升的机会和空间十分不满意。

（三）不同农村小学体育教师工作满意度的差异性分析

对不同农村小学体育教师的工作满意度进行比较，首先我们发现不同性别的农村小学体育教师的工作满意度的显著性差异，独立样本 t 检验显示，男性在工作满意度方面的得分低于女性（t = 3.237，P = 0.001）。对于性别对教师工作满意度的影响，不同的研究显示了不同的结论。第一种观点认为男教师的工作满意度高于女教师。如段晓芳[252]以四川省某县 238 名农村小学教师为样本进行调查，发现男教师的工作满意度要略高于女教师，可能是由于样本的特殊性造成的，该研究的样本学校中男教师大多年龄大、职称高，且 76% 的男教师有一定行政职务，因此，在晋升进修、领导管理等方面满意度高于女教师。黄朋和李志远[38]对孝感市农村中小学体育教师进行调查，李进江等也发现性别对于教师的工作满意度和幸福感有显著影响，总体来说，男教师的工作满意度要高于女教师，且差异显著[260]。第二种观点是认为男教师和女教师的工作满意度没有明显区别。而甘雄和金鑫[261]的研究则显示性别对农村中学教师工作满意度没有影响，朱从书和李小光在对中小学教师工作满意度的调查研究中发现：在性别方面，中小学教师工作满意度没有显著区别[262]。柴江和赵志纯[263]采用对我国农村地区的中小学教师问卷调查法进行调查，发现性别对农村中小学教师的工作满意度无影响。李鑫[40]对晋中市农村中小学体育教师的工作满意度进行调查与分析，不同性别的农村体育教师对工作环境的满意度无显著差异（P > 0.05），可能是不论何种性别的体育教师对器材、场地等教学设施的要求无明显差异。刘润秋等[264]人通过问卷对河南省南阳市农村特岗教师进行抽样调查，发现南阳市农村特岗教师的整体满意度为 2.25 分，低于 3 分的理论平均值，同时总体在性别上不存在显著

农村小学体育教师职业延迟满足与工作满意度研究

性差异。第三种观点认为男教师的工作满意度低于女教师。陈丽英和潘建华对农村中学教师工作满意度的探讨分析，结果显示女教师的工作满意度要高于男教师[265]，证明农村中学女教师对自己的待遇、工作环境、社会地位等方面均比男教师更容易满足。敖雯的研究也有同样的结论，采用斯佩克特工作满意度量表（JSS）对云南中部、西部和东北部的 1028 名农村中小学教师使用问卷进行调查，结果显示：农村中小学教师的工作满意度普遍偏低，男性教师的工作满意度显著低于女教师，差异显著（P < 0.05）。关桓达和赵正洲对我国中西部地区农村中学教师进行调查，发现男教帅的工作满意度要低于女教师[266]。一般而言，男性比女性对家庭承担更大的责任，对经济收入有更高的要求，因此对工资收入的满意度较低。而女教师更希望有稳定的工作，对工资收入和工作性质比男教师满意度略高。另外，女性对教师职业具有更高的职业认同感，男性教师在社会地位、经济地位方面当前均不太能够被家庭和社会所认可，更有甚者，部分男教师自己本身对教师行业的职业认同度也不高[267]。这种对教师职业的错误信念与认知必然会带来对教师职业消极的理解与解释，从而降低了工作满意度[268]。总之，对于不同性别农村教师的工作满意度差异，可能是由于样本来源不同导致不同的结论，未来仍有进一步扩大样本研究的必要。

本研究对不同年龄的农村小学体育教师的工作满意度进行比较，单因素方差分析的结果显示，不同年龄间工作满意度的得分差异均有统计学意义（P < 0.05），总体而言，随着年龄的增加先升后降。对于年龄与教师工作满意度之间的关系，也存在不同的见解。第一种观点认为，年龄与教师的工作满意度呈正相关，即年龄越大，工作满意度越高。如敖雯采用斯佩克特工作满意度量表（JSS）对云南中部、西部和东北部的 1028 名农村中小学教师使用问卷进行调查，结果显示：农村中小学教师的工作满意度水平低，教师的年龄越小则工作满意度越低，差异显著（P < 0.05）[268]。李进江和冯自典以河南南阳 67 名农村初中体育教师为对象进行问卷调查，发现年龄与农村体育教师工作满意度呈现正相关关系，即随着年龄增长，体育教师的工作满意度得分随之提高，且组间的差异非常显著[260]。第二种观点是认为年龄与农村教师的工作满意度呈负相关，即年龄越

大，工作满意度越低。柴江和赵志纯采用对我国农村地区的中小学教师问卷调查法进行调查，发现年龄对农村中小学教师的工作满意度有显著影响，而25岁以下的教师的工作满意度最高，随着年龄增长，工作满意度下降，可能是由于刚入职的教师初入岗位时对教师这一职业有较大的热情，但随着年龄的逐渐增大，他们对工作的热情逐渐下降，其工作满意度也开始下滑[263]。陈丽英和潘建华对农村中学教师工作满意度的探讨分析，结果显示不同年龄段的农村教师工作满意度除在个别因素上存在差异，在其他因素方面差异均不显著[265]。总之，年龄与农村教师工作满意度的相关性，已有不少研究，但年龄对农村小学体育教师影响的研究却仍然十分匮乏，不同学科的农村教师的工作满意度可能存在不同的特征，因此，本次研究发现农村小学体育教师的工作满意度先升后降，可能是由于刚参加工作的农村小学体育教师的收入最低，工作满意度最低，到了中年后，收入有所提高，也处于职称、职务提升的时期，社会地位也有所提高，导致工作满意度上升，50岁之后可能由于职称和职务上晋升无望，导致工作满意度下滑。而本研究也为将来对农村小学体育教师工作满意度的进一步研究提供参考与借鉴。

　　本研究对不同学历的农村小学体育教师的工作满意度进行比较，由于本次调查显示无硕士研究生学历的农村小学体育教师，因此采用独立样本t检验进行比较，结果显示，专科及以下学历研究对象在工作满意度的得分均大于学历为本科的研究对象，差异有统计学意义（P<0.05）。这一研究结果与其他研究者们的研究基本一致。如关桓达和赵正洲[266]对我国中西部地区农村中学教师进行调查，发现在中西部地区的中学教师队伍中，学历高的教师感受到的工作压力较小，然而，他们对自己的工作回报更加不满意，而且在工作过程中感受到的愉悦感也比较少。总而言之，学历相对较高的这些教师在大部分工作满意度指标的得分均较低，这可能是由于目前中西部地区的经济水平较为落后，农村教育系统给教师们提供的工作和生活条件，还达不到高学历教师的期望值，这也应该是我们的教育管理部门应当关注并引起重视的[266]。刘润秋等通过问卷对河南省南阳市农村特岗教师进行抽样调查，发现南阳市农村特岗教师的工作满意度在学历上存在显著性差异，高学历的教师反而工作满意度得分更低[264]。李进江和冯自典的研究则

显示不同学历层次体育教师的工作满意度之间存在显著性差异，具体来说，专科及以下学历教师的工作满意度高于本科教师，这可能因为本科学历教师对收入水平、工作条件、专业发展、晋升机会等均有较高期望值，但受到农村落后的经济发展状况、贫乏的专业发展和晋升机会和低下的经济发展水平的制约，其专业发展和收入难以达到预期目标，同时，受传统观念影响，高学历本科生到农村任教会让其自身承受更多的社会压力。柴江和赵志纯采用对我国农村地区的中小学教师问卷调查法进行调查，也发现本科学历教师的工作满意度显著低于高中学历和大专学历的教师[263]。总之，本研究发现农村小学体育教师的工作满意度受学历影响，学历越高，工作满意度越低，这与其他学科、其他级别（如幼儿园教师、中学教师）的农村教师具有同样的特征，这一现象提示管理部门应当加强农村的条件建设，增加对高层次人才的吸引力，从而达到高学历人才下得来、留得下、教得好的目标。

有关收入对农村小学体育教师工作满意度的影响，本研究也进行了验证与分析，采用单因素方差分析的结果显示，不同收入间工作满意度得分差异均有统计学意义（$F = 17.537$，$P < 0.001$），即随着收入的增加，工作满意度得分有逐渐升高的趋势（$P < 0.001$）。这一研究结果得到研究者们的一致支持，如顾倩对河南省 600 名农村小学教师进行调查发现收入对农村小学教师工作满意度的影响最大[269]。另外，刘荣敏和孙小燕对某县 6 所农村小学的 200 名教师进行问卷调查发现收入低对农村小学教师工作满意度有显著影响[240]，其他的多项研究也显示出教师在工作待遇方面较低[40,261]。经济待遇是一个行业的社会地位的重要影响因素，一般来说，工作待遇与社会地位呈正相关，工作待遇高则社会地位相应较高，行业内员工的工作满意度也越高[240]。近年来随着我国经济的快速发展，国家对教育的投入也日益增加，教师的工作待遇和福利相对以前有了很大的提高，但是与其他行业相比，收入仍然处于较低水平。管理部门应该加大对农村教育的投入，提高教师的收入水平，从而提高农村教师的工作满意度，促进农村学校体育事业和教育事业的稳定发展。

四、结　论

本次研究结果显示：①工作满意度量表在农村小学体育教师群体中具有良好的信效度；②农村小学体育教师作为农村教师的一个重要组成部分，工作满意度整体偏低、关注不足，亟待加强相关研究，为管理部门制定相应政策提供依据与参考；③性别、年龄、学历、收入均是农村小学体育教师工作满意度的影响因素，我们应从多方面考虑着手，以提高农村小学体育教师的工作满意度。

第五章　职业延迟满足与工作满意度的关系：组织公平的调节效应

工作满意度（Job Satisfaction）是个体对工作环境、工作方式、工作状态、工作压力、工作中的人际关系等方面的心理感受，是一种重要的员工态度变量[270]。教师工作满意度是指教师对其工作条件与状况的一种总体的、带有情绪色彩的感受与看法[271]。已有大量研究证实教师工作满意度可以显著地预测教师的心理幸福感[272]，增强工作投入和职业认同[270]，提高教师的职业成熟度，并降低离职意向、减轻职业倦怠[273]，由此可见，工作满意度对于提高教师积极心理品质、降低工作压力有重要意义。虽然当前学者们对于教师的工作满意度的概念、测量、影响因素、提升路径进行了许多有益的探讨并取得一系列重要进展，近年有限的研究也显示农村体育教师的工作满意度不容乐观[242,253]，然而，对于农村体育教师特别是农村小学体育教师工作满意度的重要性仍缺乏足够的重视。

职业延迟满足的能力如何，亦是当代中国人心理发展的一个关键，且有可能是现代化成败之关键[10]，工作满意度则是稳定教师队伍的基础。当前已有研究开始关注职业延迟满足与工作满意度的关系，发现职业延迟满足与护士[42]和企业员工[11,36]的工作满意度正相关，然迄今为止，仍有如下问题有待讨论：①职业延迟满足与工作满意度的线性关系在农村小学体育教师中是否适用？②是否有影响两者关系的调节变量？组织公平是指个体对组织对待自我是否公平的感知，它是组织层面上影响个体工作满意度的重要因素，也是组织行为学中一个重要概念[274]。基于此，本研究在以往职业延迟满足与工作满意度关系的基础上，引入组织公平这一变量，深入挖掘三者之间的关系，旨为提高农村小学体育教师的工作满意度、稳定农村体育教师队伍、发展农村学校体育事业，为相关部门制定决策提供借鉴与思路。

一、对象与方法

（一）对象

2017 年 3～10 月，在湖南省 20 多个县的农村小学中对体育教师进行问卷调查，样本的选取根据学者们的提议[275,276]，在心理学调查中，样本量应达到量表条目的 5～10 倍，本次问卷题目数为 39，问卷调查的样本应不少于 195，实际最终共发放问卷 285 份，删除填写有规律和填写不完整的调查问卷 23 份，回收有效问卷 262 份，问卷的有效回收率为 91.93%，样本符合测量学的要求。其中男性 125 人、女性 137 人；30 岁以内 129 人、31～40 岁 40 人、41～50 岁 48 人、51 岁以上 45 人；大专及以下学历 99 人、本科 163 人，其他基本情况具体见表 5 - 1。问卷调查征得教师本人的同意，所有调查对象均被提前告知该项目的研究目的，自愿参加该调查。

（二）测量工具

1. 基本情况调查问卷

以相关研究为基础，编制农村小学体育教师基本情况调查问卷，包括年龄、性别、学历、月工资收入等，具体内容见附录问卷（一）。

2. 职业延迟满足量表

刘晓燕编制的职业延迟满足量表共计 8 个条目，包括 2 个维度，分别命名为工作延迟满足和职业生涯延迟满足。量表采用李克特 4 点计分法进行计分，从 1 分表示非常不符合到 4 分表示非常符合。总量表和工作延迟、职业生涯延迟 2 个分量表的 Cronbach's α 系数分别为 0.776、0.759 和 0.707，量表中各项目得分与总分之间具有显著的相关性，分别在 0.476~0.828，显示量表有良好的内部同质性，同时，量表的结构效度与效标效度也较好[11]，具体内容见附录问卷（四）。

3. 组织公平量表

采用王君的组织公平量表。该量表包括 3 个维度 15 个条目，其中分配公平包括 4 个条目，程序公平包括 5 个条目，领导公平包括 6 个条目。总量表的 α 系数为 0.903、3 个分量表的 α 系数分别为 0.709、0.859、0.893。验证性因子分析显示各项拟合指数均达到测量学的要求，说明量表具有良好的结构效度。量表采用李克特 5 点计分法进行评分，分别是完全不符合 =1、比较不符合 =2、不确定 =3、比较符合 =4、完全符合 =5[210]，具体内容见附录问卷（五）。

4. 工作满意度量表

采用 Schreisheim 和 Tsui 编制的工作满意度量表。量表显示为单维结构，包括 6 个条目，分别用以评估对工作本身、领导、同事、收入、晋升机会以及工作整体的满意程度，以此来描述和评估工作满意度。量表的所有条目均是正向计分，采用李克特 5 点计分法进行评分，从非常同意、同意、没意见、不同意到非常不同意分别给予 5 到 1 分之计分方式。分数越低表示对工作的满意程度越低，反之亦然。量表的内部一致性系数为 0.688[211]，具体内容见附录问卷（二）。

（三）统计分析方法

统计分析方法：数据采用 SPSS 15.0 软件和 AMOS 7.0 统计软件分析，定性资料以例数和构成比表示，定量资料以均值和标准差表示，两组定量资料的组间比较采用独立样本 t 检验或配对 t 检验，多组定量资料比较采用单因素方差分析，两两比较采用 SNK 法；量表的信度分析采用内部一致性信度分析，效度分析通过结构效度进行验证，两变量的相关性分析采用 Pearson 相关分析，自我效能感在职业延迟满足与工作满意度的中介作用分析通过 AMOS 7.0 软件构建结构方程模型进行验证，组织公平在职业延迟满足与工作满意度的调节作用分析中，先计算各量表的总得分，再进行中心化处理，采用多元线性回归分析方法进行调节效应分析；以 $P < 0.05$ 为差异有统计学意义。

二、结　果

（一）研究对象的一般资料

本研究共发放问卷 285 份，删除填写有规律和填写不完整的调查问卷 23 份，回收有效问卷 262 份，问卷的有效回收率为 91.93%。262 名研究对象的一般资料情况如表 5 - 1 所示，其中男性 125 人（47.7%）、女性 137 人（52.3%）；30 岁以内 129 人（49.2%）、31 ~ 40 岁 40 人（15.3%）、41 ~ 50 岁 48 人（18.3%）、51 岁以上 45 人（17.2%）；大专及以下学历 99 人（37.8%）、本科 163 人（62.2%）、硕士 0 人（0%）；每月工资收入在 1000 ~ 1500 元的 41 人（15.6%）、1501 ~ 2000 元的 51 人（19.5%）、2001 ~ 2500 元的 62 人（23.7%）、2501 ~ 3000 元的 42 人（16.0%）、3001 ~ 4000 元的 40 人（15.3%）、4000 元以上的 26 人（9.9%）。

表 5 - 1　研究对象的一般资料

		例数	构成比（%）
性别	男	125	47.7
	女	137	52.3
年龄	30 岁以下	129	49.2
	31 ~ 40 岁	40	15.3
	41 ~ 50 岁	48	18.3
	50 岁以上	45	17.2

		例数	构成比（%）
最高学历	大专及以下	99	37.8
	本科	163	62.2
	硕士	0	0
月工资收入	1000~1500元	41	15.6
	1501~2000元	51	19.5
	2001~2500元	62	23.7
	2501~3000元	42	16.0
	3001~4000元	40	15.3
	4000元以上	26	9.9
	总计	262	100.0

（二）量表的信度和效度检验

1. 量表的内部一致性信度分析

通过对问卷的数据分析显示，工作满意度量表、职业延迟满足量表、组织公平量表的 Cronbach's α 系数，分别为 0.859、0.846 和 0.886，均大于 0.80，达到测量学要求[247]，提示量表的内在一致性信度较好（见表5－2）。

表5－2　工作满意度量表的信度和描述性分析

条目名称	Cronbach's α 系数
工作满意度	0.859
职业延迟满足	0.846
组织公平	0.886

2. 量表的结构效度分析

先对量表进行球形检验，工作满意度量表、职业延迟满足量表和组织公平的 KMO 值分别为 0.841、0.836 和 0.935，球形检验卡方值分别为 729.966、

775.301 和 2751.754，KMO 值均大于 0.7，说明适合做因子分析。采用最大方差法旋转进行探索性因子分析，提取特征根大于 1 的因子，结合碎石图，结果均与原量表的结构一致。

采用验证性因子分析考查测量数据与构想模型的拟合程度，以及项目与各因子之间的关系，评价指标依据侯杰泰[213]的建议，采用多个指标来进行综合评价。绝对适配指标上，采用 χ^2/df、GFI、SRMR、RMSEA。相对适配指标则采用 AG-FI、CFI 及 IFI。简效适配指标则是采用 PNFI 及 PGFI，其值都需大于 0.5。各量表的拟合结果见表 5 - 3，除少部分拟合指标未达到要求外，大部分量表测量数据与构想模型的拟合程度较好，提示本文所使用的量表结构效度较好。

表 5 - 3　各量表验证性因子分析的拟合结果

指标	参考标准	工作满意度	职业延迟满足	组织公平
χ^2/df	< 3	2.50	2.413	1.94
GFI	> 0.90	0.975	0.961	0.919
CFI	> 0.90	0.983	0.966	0.970
RMSEA	< 0.080	0.076	0.074	0.060
IFI	> 0.90	0.984	0.967	0.970
AGFI	> 0.80	0.935	0.923	0.888
PGFI	> 0.50	0.524	0.481	0.666
PNFI	> 0.50	0.519	0.607	0.779

（三）职业延迟满足、组织公平和工作满意度的相关性分析

表 5 - 4 列出了本研究所有变量的总体得分、平均得分和相关矩阵，Pearson 相关分析显示，职业延迟满足、组织公平和工作满意度呈现两两正相关关系（P < 0.01）。

表 5 - 4　各变量的得分情况与相关性分析（n = 262）

	职业延迟满足	组织公平	工作满意度
总体得分	23.05 ± 4.67	48.76 ± 10.48	17.46 ± 4.33
平均得分	2.88 ± 0.58	3.25 ± 0.70	2.91 ± 0.72
职业延迟满足	1		
组织公平	0.338 **	1	
工作满意度	0.516 **	0.418 **	1

注：** 表示 P < 0.01。

（四）自我效能感在职业延迟满足与工作满意度的中介作用

提出理论假设建构本研究的模型，见图 5 - 1。在该模型中，工作满意度是外源性观察变量，职业延迟满足是内生变量，自我效能感是中介变量。模型三条主要路径的检验结果见表 5 - 5。由表 5 - 5 可见，三条路径均具有统计学意义。因此，自我效能感在职业延迟满足和工作满意度关系中起部分中介的作用。即职业延迟满足对工作满意度的直接效应为 0.57，间接效应为 0.26 * 0.31，即 0.081。模型拟合结果见表 5 - 6，大部分拟合指标的取值均在要求内，说明模型与数据的拟合程度较好。

表 5 - 5　模型主要路径参数检验结果

路径	非标准化系数	标准误	C. R.	P
自我效能感←职业延迟满足	0.309	0.1	3.083	0.002
工作满意度←自我效能感	0.485	0.11	4.414	< 0.001
工作满意度←职业延迟满足	1.043	0.184	5.659	< 0.001

表 5 - 6　自我效能感在职业延迟满足与工作满意度的中介效应模型拟合结果

指标	χ^2/df	GFI	CFI	RMSEA	IFI	AGFI	PGFI	PNFI
参考标准	< 3	> 0.90	> 0.90	< 0.080	> 0.90	> 0.80	> 0.50	> 0.50
拟合结果	1.63	0.887	0.932	0.076	0.931	0.862	0.730	0.753

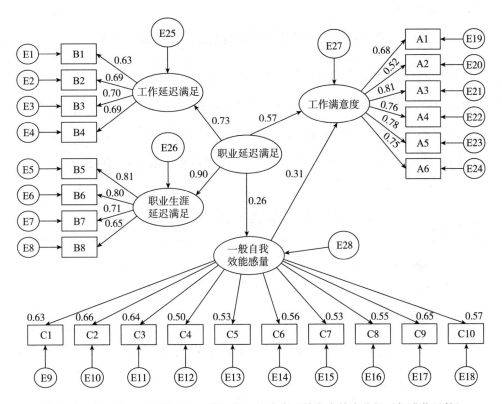

图 5 - 1　自我效能感在职业延迟满足与工作满意度的中介效应分析（标准化系数）

（五）职业延迟满足、组织公平和工作满意度的相关性分析

表 5 - 7 列出了职业延迟满足、组织公平和工作满意度的总体得分、平均得分和相关矩阵，Pearson 相关分析显示，职业延迟满足、组织公平和工作满意度呈现两两正相关关系（P < 0.01）。

表 5 - 7　各变量的得分情况与相关性分析（n = 262）

	职业延迟满足	组织公平	工作满意度
总体得分	23.05 ± 4.67	48.76 ± 10.48	17.46 ± 4.33
平均得分	2.88 ± 0.58	3.25 ± 0.70	2.91 ± 0.72
职业延迟满足	1		
组织公平	0.338 **	1	
工作满意度	0.516 **	0.418 **	1

注：** 表示 P < 0.01。

(六) 组织公平在职业延迟满足与工作满意度的调节效应分析

采用多元线性回归分析的方法分析组织公平在职业延迟满足与工作满意度的调节效应,为避免数据的共线性,先对变量进行中心化处理,再进行回归分析。由表5-8可见,组织公平在职业延迟满足与工作满意度的关系中存在调节效应,即组织公平的得分越高,职业延迟满足与工作满意度的正相关性越强。

表5-8 组织公平在职业延迟满足与工作满意度的调节效应

模型		非标准化系数		标准化系数	t	P
		B	标准误			
1	职业延迟满足	0.516	0.053	0.516	9.722	<0.001
2	职业延迟满足	0.423	0.054	0.423	7.851	<0.001
	组织公平	0.275	0.054	0.275	5.113	<0.001
3	职业延迟满足	0.503	0.058	0.503	8.661	<0.001
	组织公平	0.286	0.053	0.286	5.398	<0.001
	职业延迟满足 * 组织公平	0.142	0.043	0.186	3.328	0.001

三、讨 论

(一) 农村小学体育教师职业延迟满足与工作满意度的关系

本研究发现,在农村小学体育教师中,职业延迟满足和工作满意度之间呈正相关关系($r=0.516$,$P<0.01$)。本次研究结果与其他研究者的结论基本一致,

如企业员工[11]、护士[42]的职业延迟满足与工作满意度均为正相关关系。分析其原因，一方面是由于职业延迟满足本身的特性决定了其能促进工作满意度。职业延迟满足在本质上反映了个体的一种自我控制能力，即在两种不同的决策中选择更有利于职业发展目标长期利益的选项，尽管这种选项需要更长时间[51]。职业延迟满足能力低的个体更容易产生压力和焦虑，这种消极情绪体验不仅会直接影响个体对工作的态度和投入，而且会影响个体在工作中的积极行为表现[277]；相应的，职业延迟满足能力高的个体则有更多的积极情绪体验，从而在教学工作中潜移默化地提高了他们的工作满意度。另一方面，职业延迟满足可能会通过其他变量的作用对工作满意度产生影响。如 Mohsin 和 Ayub[277]通过对日本高中教师的研究发现，高中教师的职业延迟满足能通过减少工作压力从而提高工作满意度。另外，也有研究显示职业延迟满足能有效地促进教师的职业认同水平[216]，而教师对职业的认同度越高，则职业倦怠越低、工作满意度越高[278]。对于农村小学教师来说，职业延迟满足水平越高意味着个体愿意为了更高的目标（比如帮助落后地区小学生获得更好的教育）而舍弃眼前小的利益（比如换一份高工资的工作或比较舒适的地方等）。一项对西藏地区小学教师的研究显示利他奉献的工作价值观能显著地正向预测工作满意度[279]。由于身处农村地区，相对于城市来说教育资源不足、教育条件落后，身为人民教师的责任感和使命感，使得那些职业延迟满足水平高的教师更加觉得自己所做的工作非常有意义，从而提高了自身的工作满意度。

总之，本研究结果证明了农村小学体育教师的职业延迟满足和工作满意度之间呈正相关的关系，教师具有较高的职业延迟满足水平表明他们愿意为了自己的职业生涯采取延迟满足行为。首先，说明他们可能对自己目前从事的工作之未来是充满希望的，因此他们才会愿意做出职业延迟满足的行为；其次，职业延迟满足水平高的教师，在工作中能够更好地专注于自己的工作，致力于更好地完成自己的任务，对工作的长远目标关注较多而不去计较眼前的得失，因此工作满意度也会相应提高；最后，也正是由于他们的职业延迟满足行为，使他们更容易获得领导、同事、学生和家长的认可，从而对工作也会更加满意。

（二）组织公平在职业延迟满足与工作满意度关系中的调节效应

在职业延迟满足与工作满意度的关系中，我们还探讨了组织公平的调节效应，发现组织公平和工作满意度之间呈正相关关系（r = 0.338，P < 0.01）。根据组织公平的工具性模型，组织中的个体之所以关注组织行为的公平性问题，主要是个体想通过公平获得对组织的控制感，这种主观上的控制感会影响个体对组织和工作的态度及行为表现[41]。Khan 等[280] 系统分析了组织公平对工作结果的影响，表明组织公平可以显著地预测员工的工作满意度，而且组织公平还可以降低员工的离职意向，提高工作投入，提高员工的任务绩效和情景绩效。本研究中，组织公平是指农村小学教师在组织中所感知到的公平感，传达了对个体的尊重及让其有尊严感。因此，缺乏公平可能会导致其产生工作倦怠，尤其体现在情绪衰竭和低效能感方面，降低了工作满意度。

本研究结果支持组织公平在职业延迟满足与工作满意度间起调节作用，即组织公平感的得分越高，职业延迟满足与工作满意度的正相关关系越强，反之亦然。职业延迟满足之所以能提高个体的工作满意度，与个体对工作结果的积极预期密不可分，当个体对工作结果的预期积极时，那么职业延迟满足就能对工作满意度产生积极效应[69]。本研究中，当农村小学体育教师认为在现有工作中仍有较大的职业发展空间，甚至未来有较大的福利等优惠政策支持，那么，在短时间内辞职去寻找新的职业发展机会概率就比较小，而且这种认知还可能使其在教学岗位上更加努力地工作以获得可能的发展机会，继而提高了工作满意度。从这一点上可以看出，存在其他影响工作结果的变量可以调节职业延迟满足和工作满意度之间的关系。组织公平作为组织层面的变量对个体的工作结果具有重要影响，其中于米考察了员工建言和其工作产出之间的关系，并且发现组织公平对这一关系起调节作用[281]。薛芹则进一步发现了组织公平会调节新入职员工的工作投入程度，当员工知觉到的组织公平高时，其工作投入更高，反之亦然。而工作投入和工作满意度本质上来讲都是个体对待工作和组织的态度[282]。在本研究中，农村小学体育教师之所以会选择职业延迟满足，可能是源于认为这种延迟满足可以在未来带来更大的回报，但是，教师一旦无法从工作中体验到较多的组织公平感，譬如薪酬的分配、职称的评定、职务的晋升等，那么职业延迟满足和工作满意度之间的正向关系将会减弱。反之，如果教师感觉到的组织公平程度较高，那么个体选择职业延迟满足的情况下，获得良好工作结果预期的可能性就较大，那么个体的工作满意度也就更高。

四、结　论

本研究对农村小学体育教师的职业延迟满足和工作满意度的相关关系进行分析并分析组织公平的调节效应，发现：①农村小学体育教师的职业延迟满足水平尚可，但工作满意度水平较低；②职业延迟满足和工作满意度之间存在显著正相关关系；③组织公平在职业延迟满足和工作满意度关系中起调节作用。

本研究的发现对理论与实践亦有一定的启示作用，我们在关注农村小学体育教师职业延迟满足的同时，还应当注意组织公平在强化职业延迟满足与工作满意度关系中的作用，从多方面着手方能够更加有效地提升农村教师的工作满意度。教育管理部门在注重提升农村教师职业延迟满足能力的同时，还须注意加强农村学校组织公平的监管，将农村教师应享有的阳光政策落实到位，同时在领导、程序、分配等各方面尽可能做到公开、公平、公正，从而使农村体育教师职业延迟满足和教师工作满意度提升，从根本上促进农村体育的稳、平、快发展。

同时，由于条件与时间的限制，本研究存在一定的局限性：研究对象仅限于湖南地区的农村小学体育教师；由于人力、物力等方面的限制，本次研究的样本量虽然满足统计学要求，但总体样本量不大。因此，在此后研究中，需进一步拓宽样本范围、扩大样本容量，深入探究，推动农村学校体育事业的发展。

第六章　职业延迟满足与工作满意度的关系：自我效能的中介作用

当前已有研究开始关注职业延迟满足与工作满意度的关系，发现职业延迟满足与护士和企业员工的工作满意度正相关，然而，职业延迟满足与工作满意度的线性关系在农村小学教师中是否适用？是否存在影响两者关系的中介变量？对这些未解决的问题的深入探讨应当是我们下一步研究的方向。基于此，本研究拟深入探讨职业延迟满足对农村小学体育教师工作满意度的影响，以及自我效能的中介作用，从而促进农村小学体育教师工作满意度的提升及农村教育的改革与发展。

一、研究对象与方法

（一）研究对象

2017 年 3～10 月，对湖南省农村小学体育教师进行调查（包括湘潭县、双峰县、洞口县、湘阴县、祁东县、华容县、江永县、桑植县、衡山县等 20 个县的部分农村小学），共发放问卷 285 份，删除填写有规律和填写不完整的调查问卷 23 份，回收有效问卷 262 份，问卷的有效回收率为 91.93%。其中男性 125 人、女性 137 人；30 岁以内 129 人、31 ~ 40 岁 40 人、41 ~ 50 岁 48 人、51 岁以上 45 人；大专及以下学历 99 人、本科 163 人。其他基本情况具体见表 6 - 1。调查征得教师本人的同意，所有调查对象均被提前告知该项目的研究目的，以自愿参加为原则。

(二) 测量工具

1. 基本情况调查问卷

以相关研究为基础，根据本研究的需要，编制农村小学体育教师基本情况调查表，包括年龄、性别、学历、月工资收入等。

2. 职业延迟满足量表[11]

刘晓燕等[11]编制的职业延迟满足问卷，包括 2 个维度、8 个条目，分别是工作延迟满足维度 (4 个条目) 和职业生涯延迟满足维度 (4 个条目)。采用李克特 4 点量表进行计分，按照非常不符合、不符合、符合、非常符合，分别计 1 分、2 分、3 分和 4 分。总量表的 Cronbach's α 系数为 0.776，工作延迟、职业生涯延迟 2 个分量表的 Cronbach's α 系数分别为 0.759 和 0.707，量表中各条目的得分与总分之间的相关性分别在 0.476 和 0.828 之间，具有显著的相关性，显示量表有良好的内部同质性，同时，量表还具有良好的结构效度与效标效度[11]。

3. 一般自我效能感量表[283]

自我效能感是指个体对自己面对环境中的挑战能否采取适应性的行为的知觉或信念。一个相信自己能处理好各种事情的人，在生活中会更积极、更主动。这种"能做什么"的认知反映了一种个体对环境的控制感。因此自我效能感是以自信的理论看待个体处理生活中各种压力的能力[284]。本研究采用一般自我效能感量表 (GSES) 进行测量，量表由 Schwarzer[285] 等编制，王才康等[283] 翻译修订为中文版，并对其信度和效度进行检验。结果发现 GSES 具有良好的信度，其内部一致性系数 Cronbach's α 为 0.87，重测信度为 0.83 (P < 0.001)，分半信度为 0.82 (N = 401，P < 0.001)。探索性因子分析进行主成分分析，从 GSES 中只提

取 1 个特征根大于 1 的因子，说明 GSES 只有一个维度。

4. 工作满意度量表[211]

采用 Schreisheim & Tsui 编制的工作满意度量表。量表显示为单维结构，包括 6 个条目，分别用以评估对工作本身、领导、同事、收入、晋升机会以及工作整体的满意程度，以此来描述和评估工作满意度。量表的所有条目均是正向计分，采用李克特 5 点计分法进行评分，从非常同意、同意、没意见、不同意到非常不同意分别给予 5 分到 1 分之计分方式。分数越低表示对工作的满意程度越低，反之亦然。量表的内部一致性系统为 0.688。在本次研究中的 Cronbach's α 系数为 0.859，并有良好的结构效度（$\chi^2/df = 2.50$、GFI = 0.975、CFI = 0.983、RMSEA = 0.076、IFI = 0.984、AGFI = 0.935、PGFI = 0.524、PNFI = 0.519）。

（三）统计分析方法

本研究的数据采用 SPSS 21.0 软件和 AMOS 7.0 统计软件进行分析，定性资料以例数和构成比表示，定量资料以均值和标准差表示，两组定量资料的组间比较采用独立样本 t 检验或配对 t 检验，多组定量资料比较采用单因素方差分析，两两比较采用 SNK 法；量表的信度分析采用内部一致性信度分析，效度分析通过结构效度进行验证，两变量的相关性分析采用 Pearson 相关分析，自我效能感在职业延迟满足与工作满意度的中介作用分析通过 AMOS 7.0 统计软件构建结构方程模型进行验证，以 $P < 0.05$ 为差异有统计学意义。

二、结　果

（一）职业延迟满足、自我效能和工作满意度的相关性分析

探讨职业延迟满足、自我效能和工作满意度的相关性，采用 Pearson 相关法

进行分析，结果显示，职业延迟满足与自我效能的 Pearson 相关系数为 0.194、职业延迟满足与工作满意度的相关系数为 0.516、自我效能感和工作满意度的 Pearson 相关系数为 0.398，职业延迟满足、自我效能和工作满意度之间呈两两相关关系（P < 0.01），具体见表 6-1。

表 6-1　职业延迟满足、自我效能感和工作满意度的相关性分析（r）

	职业延迟满足	自我效能感	工作满意度
职业延迟满足	1		
自我效能感	0.194**	1	
工作满意度	0.516**	0.398**	1

注：** 表示 P < 0.01。

（二）自我效能感在职业延迟满足与工作满意度的中介作用

提出理论假设建构本研究的模型，见图 6-1。在该模型中，工作满意度是外源性观察变量，职业延迟满足是内生变量，自我效能感是中介变量。模型三条主要路径的检验结果见表 6-2。由表 6-2 可见，三条路径均具有统计学意义。因此，自我效能感在职业延迟满足和工作满意度关系中起部分中介的作用。职业延迟满足对工作满意度的直接效应为 0.57，间接效应为 0.26 * 0.31，即 0.081。模型拟合结果见表 6-3，大部分拟合指标的取值符合均值要求，说明模型与数据的拟合程度较好。

表 6-2　模型主要路径参数检验结果

路径	非标准化系数	标准误	C. R.	P
自我效能感←职业延迟满足	0.309	0.1	3.083	0.002
工作满意度←自我效能感	0.485	0.11	4.414	< 0.001
工作满意度←职业延迟满足	1.043	0.184	5.659	< 0.001

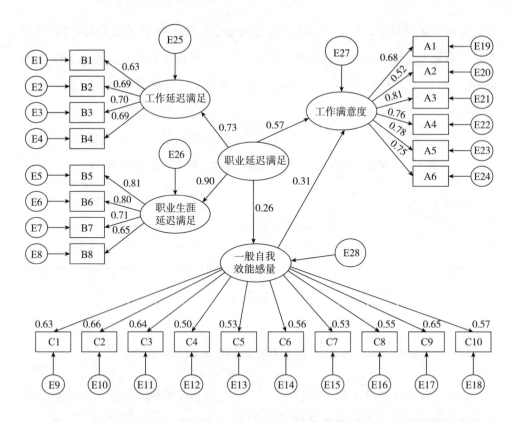

图 6-1 自我效能感在职业延迟满足与工作满意度的中介效应分析（标准化系数）

表 6-3 自我效能感在职业延迟满足与工作满意度的中介效应模型拟合结果

指标	χ^2/df	GFI	CFI	RMSEA	IFI	AGFI	PGFI	PNFI
参考标准	<3	>0.90	>0.90	<0.080	>0.90	>0.80	>0.50	>0.50
拟合结果	1.63	0.887	0.932	0.076	0.931	0.862	0.730	0.753

三、讨　论

（一）职业延迟满足与工作满意度的相关性

根据本研究结果，农村小学体育教师的职业延迟满足和工作满意度之间呈正相关关系，并且职业延迟满足能显著地正向预测工作满意度。职业延迟满足体现了从业者面对职业生涯中的即时诱惑时主动舍弃的选择倾向。而教师行业具有一定的特殊性，其特殊性体现在以下几个方面：首先，教师行业的服务性。教师面对的主要对象是学生，尤其是小学教师，主要面对年纪较小的儿童青少年。这一阶段的儿童青少年认知能力发展不成熟、自我控制能力较差、学习主动性差[286]。首先，小学教师不仅要面对小学生在学习成绩方面各种问题，还要帮助解决小学生在生活和心理成长过程中遇到的问题。胡洪强等[287]调查了 288 名中小学教师，结果表明中小学教师的职业倦怠水平较高，这种职业倦怠主要与工作压力有关。其次，教师行业的责任性。教师是需要具备高度责任感的行业之一。因为他所教授的对象是心智尚未成熟的儿童青少年。教师的举止言行都会潜移默化地影响其学生的心理发展和学业成就[288]。最后，教师的社会地位较高，但很多教师表示对工资收入并不满意，晋升机会和发展前景方面也令很多老师担忧[252,266]。

从以上分析中可知，教师行业本身具有较大压力，需要更多责任心，收入不令人满意，因此教师面临更多的机会诱惑。这种情况对于农村地区的小学教师来说更为突出和明显，因为农村地区发展机会和收入水平较低，发展程度较低，小学教师面临的各方面压力更大。因此，探究小学教师尤其是农村小学教师职业延迟满足的现状及其对工作满意度的影响具有重要的理论意义和实践意义。从理论方面讲，可以深化职业延迟满足在教师行业的研究，更深入地考察影响教师职业延迟满足的各种因素。从实践上看，了解教师职业延迟满足的影响因素为提高教师职业延迟满足能力提供更具参考性的建议。而国内外有关教师行业的职业延迟满足的研究都比较少。比如 Mohsin[277]研究结果表明，教师的职业延迟满足能有效减少工作压力，提高工作满意度。郑艳玉采用自编的《中小学教师职业延迟满足量表》调查了 358 名中小学老师，结果表明，中小学教师的职业延迟满足总体水平较高，其中女性教师的职业延迟满足水平要高于男性教师，而且担任班主任的教师其职业延迟满足要高于不担任班主任的老师[64]。本研究结果证明了教师的职业延迟满足和工作满意度之间呈正相关的关系，这一点与刘晨露的研究结果相呼应。刘晨露[216]考察了中学教师职业延迟满足的现状，并考察了职业延迟满足对职业认同的影响，发现职业延迟满足越高则职业认同越高。而刘玲[278]以教师为研究对象的研究结果表明，教师对职业的认同度越高，则其自我报告的工作满意度越高，职业倦怠越低。对于农村小学教师来说，职业延迟满足水平越高意味着个体愿意为了更高的目标（比如帮助落后地区小学生获得更好的教育）而舍弃眼前小的利益（比如换一份高工资的工作或比较舒适的地方等）。管芳[279]等在其研究中考察了西藏地区小学教师的工作价值观对工作满意度的影响，结果表明利他奉献的工作价值观能显著地正向预测工作满意度。这也就能解释为什么农村地区小学教师的职业延迟满足会对工作满意度产生正向影响了。正是由于身处农村地区，相对于城市来说教育资源不足、教育条件落后，身为人民教师的责任感和使命感，使得那些职业延迟满足水平高的教师更加觉得自己所做的工作非常有意义，从而提高了其工作满意度。

（二）职业延迟满足与自我效能感的相关性

自我效能感是指人们对自身完成某项任务或某种行为的信念，它涉及的不是技能本身，而是自己能否利用所拥有的技能去完成某一行为的自信程度[289]。自我效能感主要来源于四个主要方面：过去成功的经验、替代性经验（示范效应）、言语劝说、生理与情绪状态[290]。个体自我效能感的形成与其过去亲身经历的事件有很大的关系，这些经验可以让个体以此为依据来衡量其自我效能情况。大量的研究表明，个体能够多次完成具有挑战性的任务，就会促进自我效能感的提升。而以往研究表明，职业延迟满足包括两大核心成分：一是延迟选择，二是延迟维持[4]。在这一过程中，个体都会体验到因为坚持长远目标而克服眼前小目标或小障碍而带来的成功经历，这些经历会促进个体自我效能感的提升。长期的成功与失败都会对个体具有强化的作用，促使他们形成稳定的自我效能感。

在学习和社会生活中，每个人的个体精力是有限的，不可能事事参与。因此，有相当一部分知识经验是通过观察和模仿别人的行为而获得的，并非亲身实践而得。Bandura指出[291]，能够极大影响观察者自我效能感形成的另一个重要因素，就是榜样的示范作用。个体所参照的榜样相似度（社会经验、年龄、性别等）越高，所受的影响就越大。对于农村小学教师来说，很多愿意支教或者为农村教育事业奉献的先进榜样，一直激励着他们。因此选择暂时放弃优异的条件以实现更高的职业目标会提高他们对教师工作的满意度[42]。

自我效能感的存在，让个体对所拥有的能力产生适当的评价，既不会过低地估计自己的能力，压抑和限制个人能力的发挥，也不会产生对自己不切实际的过高要求。职业延迟满足的选择是个体在经过比较后慎重做出的决定，是对职业发展进行衡量后做出的选择，因此当确定职业延迟满足会带来更大的收益时，个体的工作满意度就越高[69]。

依据 Bandura[291] 的理论，生理和情绪状态都是影响自我效能感形成的重要因素。个体对自己的能力实施评估时，大都依照主观知觉。自我效能感会随着情绪体验的变化而有所变化。如害怕、焦虑等不良情绪会使个人的自我效能感下降。而当个体的职业延迟满足水平较高时，个体对自己未来的职业获益充满信心，体验到更多的积极正面情绪，尽管当下存在损失但并不影响个体对自我信心的总体感受。因此，从这一点来看，职业延迟满足和自我效能感之间也存在正相关关系。

综上所述，职业延迟满足可能会通过增加个体的成功经历、学习他人的替代经验、对职业发展目标的权衡，以及体验到积极的生理和情绪状态等方式提高个体的自我效能感。

（三）自我效能感与工作满意度的相关性

本研究结果表明，农村小学体育教师的自我效能感与工作满意度呈显著正相关，并且自我效能感能正向预测工作满意度。这一研究结果与 Skaalvik 等的研究结果相一致。在其研究中，研究者共调查了挪威 2569 名小学教师（其中男性 719 人，女性 1850 人），考察了教师的自我效能感和自主性对其工作投入、工作满意度和职业倦怠的影响，研究结果表明自我效能感和自主性都是影响工作投入、工作满意度和情绪倦怠的重要预测变量[292]。自我效能感能有效降低职业倦怠并提高工作满意度。教师的自我效能感与工作满意度通过以下两种途径发挥影响。

其一，自我效能感影响个体的认知过程[293]。自我效能感影响着个体的目标设置、认知建构和推理性思维。具有较高水平自我效能感的人，会积极面对挫折，认为自己有能力控制面临的情境或是任务，因而会为实现目标而努力奋斗。相反，自我效能水平低的人，总感觉自己无法控制所面临的任务或是情境，因力不从心而将困难无限夸大，导致悲观情绪产生。对于教师行业尤其如此，当教师认为自己有能力完成教学目标时，即使面对困难，也会积极想办法应对消极情境，解决困难。而在这一过程中，积极的心态不仅有助于困难的解决还有助于提高教师对工作的满意度[294]。

其二，自我效能感影响个体的动机过程和情感过程[295]。对认知调节过程起着关键性作用的自我效能感，还会影响到认知性动机的发挥，诸如结果预期、因果归因及认知性目标等，就是明显的例子。自我效能感的高低，与所处的环境状态有关。自我决定理论强调当外部环境中的事件激发了人们高水平的自我效能感，个体的胜任需要得到满足时，行为的内在动机就会增强。与此同时，个体在努力程度、面对困境的持久力，以及面对失败的个人自愈能力方面都会更为出色[296]。具体到教师而言，农村地区的小学教师往往面临更多的困难，自我效能感高的教师内部解决问题的动机更强，因此其工作满意度更高，与之相反，自我效能感低的教师内部动机更弱，则工作满意度也较低。在调节自我情绪状态的过程中，自我效能感也具有不可或缺的作用。在面对威胁或压力的情境中，个体的抗压性关键取决于其对自己应对能力的自信程度[284]。自我效能感水平高的个体，面对潜在威胁时不会产生恐慌，也不会让自己受到干扰，对自己应对这种情况的能力充满自信；而自我效能感水平低的个体，在面对潜在威胁时，会感到高度紧张，对自己的能力产生怀疑，从而削弱了自己完成任务的能力[297]。对于农村地区的小学教师而言，这种抗压能力尤为重要，因此自我效能感高的教师面对困境依然能体验到更多积极情绪情感，提高了其工作满意度。

（四）自我效能感在职业延迟满足与工作满意度的中介效应分析

根据本研究结果，自我效能感在职业延迟满足和工作满意度之间起部分中介作用。如前所述，职业延迟满足本质上是个体为了得到更长远的职业发展目标而做出的暂时放弃眼前小利小得的行为倾向[4]。对于农村小学教师而言，他们愿意为了未来更好的职业发展、实现更崇高的职业发展目标选择延迟满足行为并且持续保持这种延迟行为。这说明农村小学教师更多地相信教师这一行业是有发展前景的，段晓芳[252]在其研究中调查了 238 名农村小学教师的工作满意度，研究结果表明农村教师在工作性质上的满意度较高，这说明多数农村教师对教师工作是认可和充满憧憬的。正因为相信教师工作的发展前景和对教师工作特殊性质的认同，农村小学教师才更愿意采取延迟满足的职业行为。反过来，职业延迟满足也会让他们对工作有更高的投入和激情，因此对工作更满意。

职业延迟满足不仅能直接影响工作满意度，还可以通过自我效能感的部分中介作用影响工作满意度。正如上文分析，个体选择了职业延迟满足，他们对工作未来成功的期望更高，而在目前工作中遇到困难积极解决的内部动机越强。根据自我验证理论，个体如果认为自己未来能够成功，那么在当下生活中，他们对自己工作等方面的解释也会往自我提升方面靠拢，因此当个体选择了职业延迟满足，他们对工作中积极情绪和信息的感受更为敏感，会进行自我提高。这些积极经历和情绪状态有助于提高其自我效能感[298]。

另外自我效能感在职业延迟满足和工作满意度之间起到部分中介作用启示我们职业延迟满足和工作满意度之间可能还存在其他中介变量，比如职业延迟满足可能会提高工作投入[299]，而以往研究表明工作投入能正向预测工作满意度[300]。而国内研究者对职业延迟满足和工作满意度之间关系的内部机制方面研究并不多，需要更多深入探讨。本研究证明了自我效能感是职业延迟满足和工作满意度关系的内部机制之一，为该领域研究提供了全新视角。

第七章　农村小学体育教师工作满意度提升的对策研究

有关工作满意度的研究最早起源于"霍桑试验"[91]。Mayo 发现工人不是只受金钱刺激的"经济人"，工作情感会对其员工的工作行为产生影响，心理因素及所处的社会环境是决定员工的工作满意度和工作绩效的重要因素，基于此，研究者们认为工作满意度是心理和环境两种因素共同作用的结果，这一研究活动揭开了工作满意度相关研究的序幕[91]。Hoppock（1935）首次正式提出了工作满意度这一概念，并对工作满意度进行了定义：工作满意度是工作者心理和生理两方面对工作中所涉及的各类环境因素的满足感受，即工作者对工作情境的一种主观反应，说明工作者既可能是满意的感受也可能是不满意的感受[92]。工作满意度主要是一种态度，这种态度的产生源于工作或工作经历的效果评估。通过员工满意度的研究，既可以明确企业在管理中所面临的客观问题，也可以依据企业在发展中遇到的这些"瓶颈"，更好地查缺补漏，系统地解决问题，通过反复的满意度效果评价分析，使企业的管理方式进一步得到改善。与此同时，满意度调查还可以起到防患于未然的作用，它能有效地诊断企业员工所反映的实质性问题，利用科学而合理的方法保障员工的身心健康，提高员工的工作积极性及工作质量，将人才流失加以降低。相对来说，这种方式以其低廉的成本及富有成效的作用，已成为国内外许多企业管理诊断的评价标准。工作满意度评价主要有以下几个方面的作用：①有效帮助企业进行组织诊断及修复；②影响企业的未来绩效；③保障员工的心理健康；④有效提高员工的工作质量。作为年度绩效考核的指标之一，像一些知识密集型企业诸如诺基亚、朗讯等每年都会投入工作满意度的评价中去。通过工作满意度评价分析，可以在一定的程度上和范围内帮助单位的领导层更好地了解员工的基本满意状况；了解到员工的心理情况；组织在哪一方面最需要改进，需要哪些因素助力员工发展。对工作满意度的评价，已成为组织中一种早期警戒的指针，为企业人力资源管理决策提供重要的依据，意义重大。

　　本次研究对湖南省农村小学体育教师职业延迟满足与工作满意度进行调查分析，并探讨了职业延迟满足对农村小学体育教师工作满意度的影响，以及组织公平的调节作用和自我效能的中介作用。本研究在对调查得到的数据进行统计分析的基础上，结合农村教师的实际情况和职业特征，发现湖南省农村小学体育教师工作满意度得分低，同时，在工资待遇和晋升方面的工作满意度最低，同事关系、上级关系和工作本身的得分比收入和晋升机会的得分要高，这说明在农村学校的工作条件虽然艰苦，但农村教师们能比较充分地认识到自己工作的意义和价值，上下级之间关系基本融洽、同事之间关系相对和谐相互信任，但对于自己的劳动所得和晋升的机会和空间十分不满意。因此，本研究在对数据进行统计分析的基础上，认为提高湖南省农村小学体育教师的工作满意度的重点可以放在提高工资待遇和增加职称晋升机会方面，为农村小学体育教师的职业发展创造条件，同时我们也要考虑其他三个维度的工作满意度。

　　本研究经过数据统计分析同时还发现职业延迟满足与农村小学体育教师的工作满意度呈正相关关系，组织公平会在农村小学体育教师职业延迟满足与工作满意度的关系中起调节作用，即组织公平感越高，职业延迟满足对工作满意度的影响就越明显；另外，自我效能感会在农村小学体育教师职业延迟满足与工作满意度的关系中起中介作用，即职业延迟满足不仅仅是对农村小学体育教师的工作满意度有直接的影响，还会通过影响农村小学体育教师的自我效能感，从而对农村小学体育教师的工作满意度产生间接的影响。因此，本研究在此基础上认为，提升农村小学体育教师的职业延迟满足水平、组织公平感、自我效能感，是提升农村小学体育教师工作满意度的有效途径。本文在以上研究的基础上提出了改善湖南农村小学体育教师的工作满意度的对策建议。

一、基于工作满意度本身视角的建议

（一）进一步提高农村教师的工资待遇

本研究发现，中国农村小学体育教师工作满意度中，得分最低的是收入方面，为 2.13 分，这与其他研究者的结果类似，如刘文华[254] 将西部农村代课教师的工资收入与农民人均纯收入、教育行业职工平均工资、社会平均工资、人均国民生产总值四个指标进行比较，发现中国农村代课教师的工资低、增长慢、经济收入来源单一，是目前农村社会中经济收入最低的群体。一项研究显示我国西部某县的农村教师 2013 年的月收入在 2000 元以下的占 95%[255]。教师的工资待遇是指国家根据教师的工作特点给予教师的工资酬劳和福利保障，一个行业的从业人员的社会地位如何，很大程度上可以从这个行业的工资收入来反映。一般来说，准入门槛较低的行业社会地位较低，工作待遇也较低，行业的从业人员对工资收入的满意度也会较低，工资待遇较高的行业，社会地位相对提高，行业的从业人员对工资收入的满意度也会相对较高。教师的工资待遇的高低与工作满意度和工作积极性密切相关，这不仅关系到教育行业对人才的吸引力，同时还对于教师队伍的建设有着极为重要的影响。教师的工资待遇体现着教师在社会工作生活中的经济地位，而他们的经济地位对于教师职业的评价有非常重要的影响。可以说，提高农村教师工资收入水平是减少农村教师流失、增加农村教师工作投入、推动农村教育事业发展、促进农村社会进步的一个极为关键的举措。

无论是 1986 年 7 月 1 日起开始实施的《中华人民共和国义务教育法》，还是 1994 年 1 月 1 日起开始实施的《中华人民共和国教师法》，都对教师的工资收入进行了法律上的规定：教师的平均工资水平应不低于或高于国家公务员的平均工资水平，并逐步提高。然而，现实是"教师工资高于公务员工资"这一条款经过 20 多年的不懈努力，仍然未能得到实现，特别是在农村地区没有得到有效落实。2015 年 6 月，国务院办公厅印发《乡村教师支持计划（2015—2020年)》[20]，明确指出要采取切实措施加强老少边穷岛等边远贫困地区乡村教师队伍建设，明显缩小城乡师资水平差距。为减少乡村教师流失、促进乡村教师队伍建设、改善乡村教师待遇，《乡村教师支持计划（2015—2020 年)》从四个方面提出针对性的策略与措施以提高农村教师的待遇：①全面落实集中连片贫困农村地区的教师生活补助政策，同时，根据学校边远距离与条件的艰苦程度进行有差别的补助方式，即越边远的地区、越艰苦的地区、越是基层的地区，待遇越高，从而逐步形成"越基层、越艰苦，越高的待遇"的激励机制。②对于乡村教师工资待遇政策，严格要求各地方必须依法依规执行与落实，教师的公积金、养老保险，以及其他各项各类社会保险费，政府必须依照法规与政策为教师按时按量缴纳。③建立农村地区的教师重大疾病救助与保障体系。④要做好边远地区、贫困地区的乡村学校的教师住房保障工作，加快边远、艰苦的乡村学校教师周转宿舍建设，并保证所有符合条件的乡村教师均可以依法纳入住房保障范围。2018年1月中共中央国务院发布的《关于全面深化新时代教师队伍建设改革的意见》中明确提出：要不断提高教师的地位待遇，真正让教师成为令人羡慕的职业。纵观我国教师工资制度的改革和发展历程，国家采取了包括立法在内的多种形式与手段来逐步提高教师工资收入，为教师工资收入的提高提供制度保障。这些政策和举措，表达了党中央对教育事业的重视、对教师特别是乡村教师的关心与爱护，也为提高农村教师的工资待遇提供了政策支持与制度保障。

近些年随着相关政策的落实，教师的经济收入和待遇有了一定的改善，但教师收入与社会其他职业的收入进行横向比较，仍然处于较低水平，教师工资收入的内部比较也显示出城乡发展不平衡的局面。本次研究的调查也显示，大部分农村小学体育教师工资收入仍然不高，对工资收入的满意度比较低，这对于教师的工作积极性和教育事业的发展极为不利。为提高农村小学体育教师的工作满意度、促进农村学校体育事业和教育事业改革与发展，有必要加大对农村教育的投入，特别是进一步提高农村小学教师的工资水平。同时，大力发展经济建设，提高农村经济发展水平，从而完善农村小学教师的福利待遇。作为政府部门，不仅要切实增加农村教育的经费投入，同时也要加强对教育经费的管理与分配，做到真正意义上的按劳分配、多劳多得、优劳多得，保障农村教师真正意义上的收入提高，科学合理、公平公正、激励促进的薪酬分配体制机制能够提高农村教师的工作满意度，提高教师的工作积极性，激励教师不断进取奉献、献身教育事业。国家在经费支持与政策保障方面应给予农村地区教育大力扶持和相对倾斜，建立农村教师队伍建设的薪酬激励机制，增加农村小学教师的基本工资和津贴补助，通过工资、津贴、养老保险、医疗保障、住房补助等经济方面的手段作为激励措施，提高农村小学教师的工资待遇水平、提升其社会地位，改善农村地区教师生活工作条件，提高农村中小学教师的满意度。

（二）拓宽农村小学体育教师晋升机制

本研究还发现，中国农村小学体育教师工作满意度中，得分第二低的指标是晋升方面，为2.39分，这与其他研究者的结果类似。晋升难度大是影响当前中国农村小学体育教师工作满意度的一个重要因素，冯帮和王思勤发现农村地区存在职称晋升机会少、评定职称的评价方式不合理等多种问题[257]（中国的小学教师职称一般有小教三级、二级、一级、高级。每晋升一级的中间间隔时间不少于五年，并且每次晋升的时候都有名额限制。"高级"是最高级别）。有调查指出，在众多学校中（如省会的学校、普通城市的学校、县城学校、农村学校等），农村学校的称职晋升名额是最少的[258]，甚至某些农村小学教师，往往到退休也没有机会晋级职称，这也严重影响了教育工作者的积极性与满意度[259]。

晋升制度是对教师的教学、科研、师德师风等多方面进行了了解，并根据学校的层次、定位与实际情况进行综合分析与考评，然后以此为依据对教师的价值做出衡量与评价的一种过程[301]。教师的晋升评审制度是学校师资队伍建设和教师专业发展的重要保障，对于教师队伍的稳定性和教师的心理健康同样有着重要的影响，对于教师的专业发展具有十分重大的意义。教师的晋升可以促使教师通过评价过程对本人的优缺点进行正确评价与认识，对自己的工作进行反思，通过晋升结果的反馈，可以促使教师反思自我、改进自我、提升自我、完善自我。晋升过程中对于教师的评价，尤其是来自外部的评价，不仅能够促进教师的自我成长与发展，同时也是教师成长与职业发展的一种重要的推动力。良好的教师晋升机制可以激励教师更好地投入工作、提高工作绩效、提升工作满意度；相反，不合理的教师晋升机制会打击教师的工作积极性，从而影响教师的工作投入，降低工作满意度与工作业绩[302]。

职称评审是教师晋升的最重要的一种方式，也是最普遍的一种途径，更是教育事业的一个重要组成部分[301]。我国的职称评审自 1987 年开始实施，多年以来，在这一制度实施下，大批的优秀专业技术人员被评审出来，这对于我国教师队伍建设及教育事业的发展起到了至关重要的作用。发展至今，职称与教师的身份、待遇、地位都挂钩，是教师积极性提高的原动力之一。职称晋升是对教师的教育教学等工作的能力与业绩的认可，也已成了教师的荣誉、身份、地位的外部体现，更对教师的职业自我效能感和职业幸福感有重要的决定作用[303]。然而，农村教师在职称晋升时出现了一些问题，从而影响了职称评审的可信度和权威性，降低了农村教师的工作满意度，阻碍了农村教师专业化发展的积极性。从政策方面来看，国家一直以来就重视农村教师的职称评审，然而农村教师在职称晋升过程中仍存在数量少、竞争大、晋升慢、公平难等问题。长期以来，职称评定标准均是依照城市教师来进行设定而很少考虑到农村教师的实际情况，然而事实上，农村教师无论是在机会获得还是在资格达标方面相比城市地区的教师来说均处于不平等的地位[304]。在实际的职称晋升评审过程中，农村地区教师的职称晋升指标分配方面存在不足，农村教师长期面临指标不足、机会难得、条件不符合实际等情况，以至于很多教师从事一辈子的农村教育工作也始终没有评上职称[230]。而相对城市地区来说，农村地区的生活条件、工作条件、工资待遇均有较大差距，多方面的原因已经造成了我国的城乡义务教育发展严重不均衡，农村地区的教师流失严重，多年以来的农村教师"下不去、干不好、留不住"的局面未能从根本上得到解决，职称晋升难的情况可能会对农村教师队伍建设和农村教育事业发展产生严重的负面影响[305]。

总之，城乡教育均衡发展是我国当前的教育事业的重要目标与任务，在教师的职称晋升评定过程中，向农村地区倾斜、促进农村地区教育人才队伍建设、保障农村教师的基本权益、促进农村教育事业的发展，同样也是教育均衡发展的具体表现之一。在今后的农村教师职称晋升评审过程中，需要在政策、机会、条件、程序等多个方面进行保障，保证农村教师在职称晋升过程中按照公平的政策、处于公平的位置、享受平等的对待、得到公平的结果，从而推动乡村教师队伍的稳定发展。当然乡村教师职称晋升问题由来已久，但近年来才受到各界的关注，存在的问题仍然较多，形成的原因也是多方面的，因此，具体而有效的解决方法仍有待进一步探索研究，要实现农村教师职称晋升满意，留住优秀乡村教师，激励更多的乡村教师积极工作、投身教育事业，仍需各方共同关注、共同关心、共同努力。

（三）改善上下级关系

本研究还发现，中国农村小学体育教师工作满意度中，领导维度的得分为3.28分，显示出农村教师对领导的满意度得分处于中等水平，说明在农村学校中，领导仍有一些地方做得不够好，没有很好地得到一线教师的认可与认同，这一结果提示我们应当进一步改善上下级之间的关系，以提高农村教师的工作满意度。

平等思想的观念一直以来就是学者们在构建理想社会的过程中所坚持的一个基本原则与价值取向[306]，古希腊时期就有特权者提倡平等思想，直到近代的思想家们提倡的人人平等思想，从最初的比值平等，到后来的法律面前人人平等，直到现在的权利平等，平等思想伴随着人类的发展历史经历了漫长的社会发展过程[307]。每一个时期的平等思想显示出不同的特点。恩格斯认为：平等思想本身是历史发展过程中的一种必然产物，这种观念的形成需要一定的历史条件，而这种历史条件本身又以长期的历史为前提。西方平等思想的发展进程在人类思想史上源远流长。在古希腊时期，普罗泰戈拉是最早谈到平等问题的，但他谈到的平等也只是公民政治权利的平等，奴隶和异邦人并不包括在内。当时的智者派探讨了自然法和自然权利，提出了"上帝使人人生而自由，而自然从未使任何人成为奴隶"的名言，主张"我们的天赋在一切点上都一律平等，不论我们是希腊人或蛮族"；尽管柏拉图认为每个人天生适合于某种分工，不同等级的人是由不同元素构成的，宣扬赤裸裸的不平等的自然正义观，但在他的理想国中，妇女在权利与机会上是与男子平等的。亚里士多德是明确提出平等思想的学者。他认为，"正义是某些事务的平等（均等）观念"，正义是"相等的人就该配给到相等的事物"。他把正义分为普遍的正义和特殊的正义两种。特殊的正义分为分配的正义和矫正性的正义。分配的正义可以分为两类：一类为其数相等（数量相等的意义是你所得的相同事物在数目和容量上与他人所得相等）；另一类为比值相等（比值相等的意义是根据各人的真价值，按比例分配与之相称的事物）。他认为：最稳定的政体便是构筑于两类平等基础之上的政体。这种政体要体现"以正义为照顾到全体公民权利的数学平等"。公民应当"都具有平等而同样的人格"。但这也是奴隶主阶级内部的平等，奴隶只不过是会说话的工具而已。罗马法学派强调法律面前人人平等。西塞罗则进一步发展了自然法和自然权利学说，他的思想打破了城邦政治学说的狭隘眼界，从世界不分民族的角度来看待理性和法律，并主张不分民族的完全平等（至少在法律面前），这是十分可贵的。

平等不仅仅是现代社会的理想追求，同时也是每个人的基本的政治权利，人与人之间是平等的，需要并且应当相互尊重[308]。人与人之间平等，是指在人格和法律地位上的平等，在做人的资格上是平等的。社会主义社会人际交往，首先要坚持平等的原则，无论是公务还是私交，都没有高低贵贱之分，要以朋友的身份进行交往，才能深交。在学校中，上下级之间的关系首先是人与人之间的关系，因为上下级首先均不能摆脱人的属性，管理者也好，被管理者也好，首先是人，然后才是管理者或被管理者。所以上下级之间是平等的，没有高低贵贱的区别。然而在实际工作中，管理者与普通教师之间在地位关系上存在不平等，这也就要求管理者在与普通教师协调和处理关系时，不能有上级与下级之间的等级意识，特别是在我国这样一个历史久远的国家，必须在思想上破除等级意识，按照发扬民主作风的要求，上级管理者在制定程序决策与对普通教师进行评价管理时，应当加强与普通教师的沟通与交流，多听取基层教师的心声与需求，做到客观、公开、公平、公正。从而建立融洽、互重、互助的关系，平等待人、相互尊重，信任基层教师、尊重基层教师、帮助基层教师。同时管理者还要坚持群众路线，要认识到自己是从群众中来，将来也要到群众中去，向普通教师学习，采用语言、情感、行为去信任、尊重、帮助一线教师。最后，融洽的双方关系也不仅仅是上级管理者单方面的事情，同时也需要一线教师的配合与努力，尊重上级、支持上级的工作与决策，最终双方共同努力积极构建良好、融洽、和谐的上下级双方关系。

（四）提高农村教师的社会地位、改善农村教师的工作条件

本研究还发现，中国农村小学体育教师工作满意度中，教师工作性质得分为3.35分，整体来说分数尚可，说明了在农村地区的教师对工作本身认可度尚可，大多数农村教师对教师这一职业具有一定的认同感，或者是从内心喜欢这一职业，这也是农村教师队伍保持稳定的一个重要影响因素。同时也说明了我国的师范教育取得了较好的成就，培养了一批真正热爱教育事业的农村教师，这也是我国农村教育事业发展的基础与重要保障。但是我们也应当看到，这一方面仍有较大的提升空间，提升农村教师的社会地位、改善他们的工作与生活条件，是提升农村教师这一工作的吸引力的重要途径。

1. 提高农村教师的社会地位

教师首先是一个人，这就决定了必然具备社会属性，教师也不可避免地受到社会即周围的人的看法的影响。根据马斯洛需要层次理论[309]，每个人都有得到他人尊重的需要，因此，农村教师在从事这一职业的过程中，必然期待得到社会的认可与尊重，才能对此职业产生认同感从而投身农村教育事业，以此促进农村学生的发展与农村教育事业的发展，甚至为整个农村社会的进步贡献自己的力量，为乡村振兴事业提供助力与保障。对此，党中央和政府也多次明确提出要提高教师，特别是农村教师的社会地位，并且也出台了一系列的政策与法规来达到这一目标[223]，但事实上我国农村教师的社会地位仍然有较大的提升空间。一项

对农村中小学教师的社会支持现状的研究发现，农村教师社会支持满意度整体上不高，这一结果说明了农村教师能感受到的社会支持还不足，他们需要得到来自社会、家庭的认可与支持，解决这一问题的根源在于提高农村教师的社会地位。

要提高农村教师的社会地位，需要从以下几个方面着手：第一，要提高教师的职业声望。农村教师的职业声望是指社会和社会上的其他人对农村教师的主观评价与认同程度，如社会成员的尊重和敬佩、认同和称赞等。农村教师职业声望的高低，影响着大学生们对农村教师这一职业的选择，以及农村教师的社会地位。农村教师良好的职业声望，有利于促进尊师重教的良好社会风气的进一步形成[310]。当前教师队伍存在极少数道德败坏之人，对教师的职业声望产生了较大的负面影响，因此，如何一方面提升农村教师职业声望，另一方面构建防止职业声望受损的机制是当前需要考虑的一个重要问题。第二，加强人本管理。一直以来，人本管理就是管理学领域的一种重要且备受关注的管理方式，在我国的教育事业发展中，人才是第一生产力，教师队伍是教育事业发展的关键，因此，师资人才已成为当前学校稳定与发展的一个最为重要的因素。当前农村教师存在"下不去、干不好、留不住"的困境，在农村教师人才队伍的建设与发展过程中，如何贯彻并实施"人本管理"的管理理念，充分从全面的角度考量农村教师的精神需求与物质需求，不但是解决农村教师后顾之忧、可以更加投入工作的保障，也是充分提高农村教师工作满意度、调动工作积极性、增加工作投入的重要途径，更是降低农村教师离职意向、减少流失、稳定师资队伍的有效手段。第三，引导教育舆论影响，提高社会对农村教师的认可度。加强对尊师重教的宣传，增加树立教育事业的典型，引起社会与民众对农村教育的关注、关心与重视，从而认识到教育的价值和不接受教育的后果，提高知识、教育、教师等在社会上和民众心中的地位，以此使农村教师可以获得更多的社会认可、尊重与支持[311]。

2. 改善农村教师的工作条件

教师是一个专门培养人才的职业，农村教师的培养对象是农村地区的青少年儿童，是祖国的未来，因此，农村教师所从事的是一项特殊的工作，具有高度的复杂性。第一，作为教育主管部门和学校，有理由、有必要、有责任努力去改善农村教师的工作环境，为农村教师构建一个宽松、自由的良好办公环境，提供必要的场地、设备、资金、信息资源与个人发展机会，从而满足农村教师的教学、科研、训练及个人发展的需要，以保证教书育人的质量。第二，应当认识到教师是知识分子，有能力也有个性，应当对他们进行人性化管理，在尊重、信任的基础上加强沟通与交流，引导与促进教师将主要精力投入教书育人，以人性化的民主管理，构建一个民主、宽松的人文环境，从而提升农村教师的工作满意度。第三，教师是一个特殊的行业，面临巨大的心理压力，这些压力可能来自社会的价值观、家长的态度、领导的要求、上级部门的检查、学生的渴求、家庭的冲突、个人发展的困惑等，农村教师的工作负担重、压力大、强度大已是当前普遍存在的现象，如何降低农村教师的工作压力也是当前学者们关注的一个重要问题。农村学校应当关注、关心教师的身心健康，建立减轻教师压力的机制，帮助农村教师降低压力、疏导压力、释放压力，从而保障农村教师能够身心愉悦地工作。

（五）个人目标与组织目标结合考核，鼓励教师职业发展与自我成长

在教师的绩效考核或年底的年度评优评先，或者是职称评定时可以尝试把个人目标与组织目标结合起来，给予他们更多的动力[303]。农村学校与农村教育是为公众提供教育服务的系统，教师是教育的灵魂，也是教育事业的根本，因此，农村学校存在和发展必须依靠每一位农村教师的进步和发展，同时它也为教师个人的生存、生活、发展与成长提供良好的环境和条件。这体现了组织与个人一致性的原则，从这个方面来讲，组织和个人的目标、利益、方向是相同的、一致的[312]。但是，组织与个人的利益不会总是一致，它们在某种利益上也会存在不一致的情况，当个人与组织的目标出现不一致的时候，很容易就导致组织冲突的产生，而组织冲突的一个有效解决方法就是使组织与个人的目标在一定程度上达到契合，这对于组织目标的实现与个人目标的达成均有至关重要的意义，同时，农村学校内部各项重要工作的完成均由组织与个人目标是否高度一致决定。

长期以来，我们都极为重视教师的职业道德，对于师德的建设起到了良好的作用，也对教师的社会地位起到了良好的促进作用，如"辛勤的园丁""燃烧的蜡

烛"就是对教师无私奉献的一种发自内心的认可。但是，在生活和工作中，由于受历史的原因及多方面因素影响，社会和教育部门往往对教师的无私奉献十分重视而忽略教师在工作和生活上的需求，特别是农村教育部门和农村学校往往还是更多地重视组织目标，忽视个人目标，缺少对农村教师个体生活、工作的需求分析，从而不可避免地造成个人目标与组织目标相互冲突的情况，在这种情况下，往往是强调个人利益服从集体利益，从而导致个体为了服从组织目标而放弃个体目标的达成，这样就大大降低了农村教师的工作积极性和工作满意度，影响了农村教师的个人发展与农村教师队伍的建设，最终难以达到教育事业可持续发展的目标。

个体之间的目标与价值观念总是存在差异的，他们在重要问题上出现的观点和态度不一致，这时各方之间由于意见不一致而形成的摩擦即是冲突。农村学校中的冲突有多种表现：一是学校组织特征，包括一般学校的普遍问题与农村学校的特色问题。主要是：①教育制度。教育制度和教育体系不健全，造成权力和责任不明确、人际关系混乱，从而导致冲突的形成。②学校环境。学校的冲突在很大程度上受到教育改革和校园文化的影响。随着社会的进步与经济的发展，我国已经进入新时代有中国特色社会主义阶段，学校必须根据时代发展与人民需要进行相应的改革，改革就会打破原有的平衡从而引发冲突。校园文化是学校教师共同价值观的体现。公平公开、和谐发展、互助友善、共同发展的校园文化可以减少冲突的发生。③学校机构设置。学校的机构设置合理，可以减少人际混乱、多重领导、权责不清等冲突。二是教师个体存在特征差异。每一个教师都是一个独一无二的个体，这个世界上没有两片完全相同的树叶，也不会有两个完全相同的人，由于家庭环境、成长环境、教育背景、个人性格的不一样，每个人都会有不同的性格、态度、价值观、需要、兴趣，这样人与人之间就可能产生冲突。三是资源冲突。由于农村学校大多较城市地区的经济发展差、生活条件差、工作条件不好、职称晋升指标少、教育投入不足，而有限的资源如何分配，教师之间必须形成竞争从而引发冲突。总之，冲突是不可避免的，也是无处不在的，产生的原因也是多种多样的，这些都决定了，想要农村教育事业可持续发展，就必须有合理的方法预防和解决农村教育和农村学校中存在的冲突与矛盾。

Hurwiez[313]提出了经济学领域的"激励相容理论",他认为激励相容这一理论的提出是基于"理性人"的假设,也就是指在社会经济活动中,每一个单独的个体均不可避免地有着自私的一面,这种自私会促使个体在社会经济活动中总是力求使自己的个人利益最大化。而激励相容就是这样一种制度安排,它能够使具有自私性的个体在努力追求最大化个人利益的同时,恰好可以与组织利益、组织目标、组织规划相一致,从而达到个人与组织最大程度上的利益一致与目标一致,从而实现共同满意。此后,美国的 Vickrey[314]和英国的 Alesuna 和 Mirrlees[315]将这一概念应用到产业发展的相关研究中,开辟了信息不对称条件下产业"激励相容机制"设计的新思路和新视角,并依靠此成果获得了 1996 年的诺贝尔经济学奖。"激励相容"原则此后在现代经济学中得到广泛的应用,相关理论与实践研究证实,"激励相容"原则的贯彻实施,使个人目标与组织目标之间的矛盾与冲突能够得到有效的解决,使个体的行为方式和结果均符合组织价值和利益最大化的目标,让每一个个体在达成组织目标的过程中同时也成就个人的事业,即个人目标利益与组织目标利益实现一致。

就教育部门当前存在的实际情况来看,许多学校或教育系统"存在着激励不相容"问题,在实际工作中表现为,学校和学校管理者认为教师"没有集体观念""太看重个人得失问题""没有长远发展的眼光"等,另外,站在个体的角度来看,则会认为学校和学校管理者"不考虑个人的实际情况与需要""不为教师个体发展提供足够的支持""制度设计不合理,抑制个人主观能动性的发挥""事情做了但得不到认可"等。这些现实矛盾与实际冲突,对其进行深入探究后发现,激励相容机制的缺失是造成这一现象的根本原因,学校和学校管理者与教师个体在各自价值的实现过程中目标出现了偏离,进而表现出了学校与教师个体之间的"相互抱怨"。那么,学校和学校管理者与教师个体的价值、目标的激励相容机制如何设计,才能使两者的价值和目标达成一致,最终实现共同发展和可持续发展呢?因此,根据激励相容理论,完全有必要结合教师个人目标、学校发展目标及农村教育事业的发展目标,通过分析农村学校中组织目标与个人目标的冲突,找出其中存在的问题并剖析问题产生的深层次原因,从而构建农村学校的激励相容机制，提出能够将农村学校组织目标和农村教师个人目标结合起来、共同实现的切实可行的有效对策与措施，推进农村学校的体制机制建设，促进农村教师队伍建设，从而提高教师的职业延迟满足水平与工作满意度水平，调动农村教师的工作积极性，进而促进农村教育事业的持续健康发展。

二、基于职业延迟满足视角的建议

本研究结果证明了农村小学体育教师的职业延迟满足和工作满意度之间呈正相关的关系，教师具有较高的职业延迟满足水平表明他们愿意为了自己的职业生涯采取延迟满足行为。首先，说明他们可能对自己目前从事的工作之未来是充满希望的，因此他们才会愿意做出职业延迟满足的行为；其次，职业延迟满足水平高的教师，在工作中能够更好地专注于自己的工作，致力于更好地完成自己的任务，对工作的长远目标关注较多而不去计较眼前的得失，因此工作满意度也会相应提高；最后，也正是由于他们的职业延迟满足行为，使他们更容易获得领导、同事、学生和家长的认可，从而对工作也会更加满意。为了提高农村小学体育教师的工作满意度，可以采用提升农村小学体育教师的职业延迟满足水平来促进其工作满意度的提升，我们可以从以下几个方面进行考虑。

（一）将职业延迟满足水平作为教师招聘的一个参考指标

在学校进行教师人才招聘的过程中，可以不确定时间、不固定地点地选择合适时机对参加应聘的候选人的职业延迟满足能力进行考察。在招聘前期，可参考一些人口统计变量的客观信息进行筛选，如本研究结果显示目前农村小学体育教师职业延迟满足水平表现一般，仍有不小的提升空间，招聘到职业延迟满足水平更高的教师，对于农村小学体育教师的工作投入、工作绩效、工作满意度均有较大的促进作用。同时，本研究的数据统计分析结果也显示，不同性别的农村小学体育教师的职业延迟满足得分无差异，这一结果与刘晨露[216]和黄涛[219]的研究结果一致，因此在招聘时性别仅根据实际需要进行设定即可。再者，本研究的数据统计分析结果还发现，专科学历的农村小学体育教师的职业延迟满足水平显著高于本科学历的农村小学体育教师，这一结果得到其他研究者的支持[216]，刘晨露的研究发现中学教师的职业延迟满足水平从学历方面看是研究生学历和专科学历高于本科学历，而本次研究的农村小学体育教师，调查样本中未见研究生学历，专科学历教师的职业延迟满足水平高于本科学历教师，可能是由于本科学历的农村小学体育教师的期望值相对更高，期待有更好的发展，这也提示我们农村小学体育教师的条件有待进一步改善，从而增加对高学历层次教师的吸引力、减少高学历教师的流失。

另外，招聘教师的农村教育部门和农村学校在面试阶段中，可以深入了解他们的一些工作行为模式（如是否会放弃休闲娱乐赶工作）、职业生涯规划等，来对候选人的职业延迟满足能力进行判断，必要时还可以考虑引入一些相关的测试进行判断。在相同情况下甚至可以对应聘教师在职前教育阶段或前单位的一些工作行为模式或学习模式（如学业延迟满足）、学业规划等进行适当的考察与了解。引入职业延迟满足水平较高的师资人才，会有利于日后人才长期的培养，也有利于农村学校与教师之间建立长期共同发展的关系。

（二）在学习阶段培养的过程中增加职业延迟满足的培养内容

本次研究对农村小学体育教师职业延迟满足的现状进行分析，结果显示整体农村小学体育教师职业延迟满足的得分为 23.05 ± 4.67 分，平均分为 2.88 ± 0.58 分，总体来说得分尚可，但仍有不小的提升空间。而延迟满足能力的培养是一个长期的过程，可以在儿童阶段和青少年阶段即进行培养，到成人之后会具有更高的延迟满足能力。

首先，在幼儿阶段进行延迟满足培养是一个较好的时机，也可以取得良好的效果。延迟满足是自我控制的核心成分，具有极大的研究价值。它不仅是幼儿自我控制的核心成分和重要技能，也是伴随人一生的积极人格变量。在儿童4岁时，延迟满足能力就开始出现个体差异，这一差异可以预测个体在人的一生的许多特质，如从儿童期到青少年时期甚至大学时期的社交能力、认知能力、社会适应能力，如学业成就、心理抗压力和挫折的能力、遵守规则与执行任务的能力等[316]。相关延迟满足和自我控制的跨文化研究结果显示，中国幼儿存在自控能力差、延迟满足等待时间短、延迟满足水平低的现象[317]，而事实上，中国文化历来非常讲究儿童的自我控制，这一反差突出显示了当前中国幼儿教育中缺乏对延迟满足能力这一重要素养的培养。因此，对幼儿进行延迟满足能力的培养对于个人发展和社会进步，均有着重要价值。延迟满足能力作为一种积极、健康、重要的人格变量，预示着个体日后的发展方向与空间，因此，个体、家庭、学校和社会均应当重视幼儿延迟满足能力的培养。延迟满足能力在幼儿阶段产生并初步形成，幼儿以一种最积极的准备和接受状态，在这一阶段如果给予积极的培养，个体延迟满足能力能够得到快速的培养和发展，同时能够产生长久影响和效益。总之，对幼儿重视并进行延迟满足能力的培养有着十分重要的意义。

就目前来说，延迟满足能力培养专门针对幼儿而进行的研究仍然少见，主要是以特殊人群为样本来进行心理训练或心理治疗。Hodges 相信延迟满足是一种可以通过后天习得的能力与行为，它是一种可以传授的技能。他设计的一些培养延迟满足能力的练习过程，可以针对成人在清醒状态下或者催眠状态下进行[318]。还有一些针对大学生的自我调节能力进行训练的研究，如 Muraven 等[319]对大学生的自我调节能力进行为期 2 周的干预实验，结果显示，通过干预可以增强大学生的自我控制能力，进而改善其自我调节能力。自 20 世纪 90 年代始，我国的幼儿园情商教育的理论框架中就纳入了幼儿延迟满足能力的培养。一些幼儿园先后开展培养幼儿情感智力的情商教育实践[320]。但菲[321]根据幼儿自我控制的结构并结合幼儿的年龄发展特点，对年龄不同的幼儿的游戏类型比例进行了确定，设计了对不同年龄阶段幼儿均适用的游戏活动，通过游戏活动培养幼儿的自我控制能力。自此，延迟满足作为自我控制的一个核心成分，在幼儿阶段的教育培养中取得了良好的效果。虽然目前这一培养尚未得到推广，引起的关注度也还仍然不足，但在将来的人才招聘中可以预见，在幼儿阶段经过延迟满足能力培养的个体将具有更大的胜出机会。

其次，对于学生来说也要培养其延迟满足能力。幼儿的延迟满足能力将会在学业方面得到体现，甚至部分转化为学业延迟满足能力。在对学生的延迟满足能力进行培养时应当注意以下问题：①要培养学生的学习价值观。学生的学习价值观是指学生对学习结果重要性的认知与态度，这种认知与态度会直接影响到学生的学生态度与学习行为。学生阶段是形成系统的学习价值观的重要阶段，学生以知识学习为主，与社会接触少，学习的知识很难直接体现其价值，因此，他们对学习意义的认知容易产生误解，家长和学校应当并且非常有必要引导学生产生正确的价值观。②帮助学生确定学习目标，掌握学习方法。在激发和培养学生延迟满足能力的过程中，空洞的说教其实很难起到良好的效果，相反，如果我们帮助学生建立具体的学习目标，教给他们具体的有操作性的学习方法，也就具有更好的效果。③培养学生的自我效能感，增强学习信心。研究显示，自我效能感与延迟满足、学习动机呈显著的正相关关系，学生的自我效能感高，可以极大地促进其学习的动机和学业延迟满足。教师在教学中应当选择难易适中的任务，使学生获得成功的经验，在成功的体验中增加自我效能感和自信心。④家长应当积极参与学生的延迟满足能力培养。家庭教育是学校教育的重要辅助与补充，家长在教育子女的过程也应当与学校保持沟通，力争与学校一致，有的家长总是否定子女，或者给子女定的目标过高，也会容易导致学生的自我效能感低下，不利于学生延迟满足能力的培养。因此，家长的教育方式是影响学生个体成长的一个重要因素，父母教育方式对于学生延迟满足能力有着十分显著的影响。良好的教育方式使学校教育事半功倍，消极的教育方式则会起到完全相反的作用，严重阻碍学生延迟满足能力的形成与发展。

（三）在教师入职后的日常管理工作中，增加职业延迟满足的训练

职业延迟满足是个体职业领域的重要变量，有十分重要的意义，因此在日常管理工作中应当加强农村教师的职业延迟满足能力训练。①调整分配制度，进行有效激励。农村教师的工作条件较差，待遇较低，应当向劳动强度大、工作条件差的地区、学校与教师倾斜，使其受到有效的激励，特别是本次研究发现延迟满足能力是个体的核心能力，受收入的影响较小，但随着收入的增加，延迟满足得分也有提高，因此，让农村教师感受到他们的职业发展有前途，从而增强其归属感。②关心农村教师的身心健康。教育管理部门要关注农村小学教师的身心健康，有研究显示心理健康与延迟满足密切正相关，因此，为农村教师的身心健康保驾护航，可以使他们感受到更多的幸福感和归属感，帮助他们具有更高的职业延迟满足水平。管理人员需定期与农村教师沟通，了解他们的困难，对于有心理困惑或负面情绪的教师应当提供必要的心理帮助与心理辅导，进行心理学与伦理学相关知识的培训与学习，学会科学应对与消除工作与生活上的压力，并经常参与体育锻炼，对于促进农村教师的身心健康均有良好的促进作用。③加强农村小学教师心理资本的开发培育，着力提升农村小学体育教师职业延迟满足能力。④进行职业生涯管理教育。农村教育管理者在实际工作中应当经常了解农村教师的成长与发展需求，帮助其自我定位、自我分析与自我激励，并进行合理的职业规划，制订符合个人成长与发展的计划方案，促进教师们树立信心，增加职业自我效能感与组织归属感。⑤在教师中进行职业认同感教育。研究显示，职业认同会对职业延迟满足产生积极正向的影响，职业认同感越强，个体的职业延迟满足水平越高。教育管理者应当在教师群体中坚定"十年树木，百年树人"的信念。激发农村教师对于农村教育事业的崇高使命感，树立高度的职业认同感和积极的职业价值观。⑥帮助教师进行综合素养提升，在日常的工作中，学校不要只着眼于教师专业技能的培训，应当同时增加一些综合素质培训，如管理能力、时间管理、沟通能力等，让教师可以感受到在农村学校里不仅仅能获得业务能力的提升，也能获得个人的成长，同时生活也不那么枯燥，这对于教师未来实现长远的职业目标有积极的效果。⑦加强激励与树立榜样。如对资深的教师获得了奖励或晋升，通过内部方式报道这位教师在学校的成长历程和心得，让其他教师从中了解其如何在坚持与等待中实现自己的职业目标，从而达到职业成功，这也是对职业延迟满足思想的一种潜移默化的宣传方式。

（四）在日常工作和激励机制建设中，为教师的职业延迟满足创造条件

在教师的日常工作中，如何引导教师进行职业延迟满足，提高工作投入和工作满意度，对于农村小学教师队伍建设和农村学校体育事业、教育事业的发展有重要意义。根据相关研究，许多学者认为延迟满足可以包括三类：自我延迟满足[2]、外加延迟满足、礼物延迟满足。①自我延迟满足（Self – imposed Delay of gratification，SID）。自我延迟满足又称 Mischel 范式，是延迟满足的基本研究范式，其理论基础为个性社会认知理论。Mischel 等设计并用以测量个体自愿放弃即时满足，并忍受自我施加的延迟满足能力，该范式包括延迟选择和延迟维持两个阶段。自我延迟满足（SID）使人处于一种两难的选择之中，一种选择是不需要等待，马上可以得到满足，但得到的奖励不是自己最想要的；另一种选择是可以得到自己最想要的奖励，但必须付出时间去等待。所以这一类延迟满足反映个体在相互冲突的两难选择情境下的自我控制与调节能力。②外加延迟满足。自我延迟满足范式是由被试选择偏好奖励结果，但在实际生活中，延迟等待的奖励结果并非能由个体选择，往往是由他人提出。因此，20 世纪 80 年代初，Karniol 和 Miller[322]提出了外加延迟满足范式（Externally Imposed Delayed Reward，EID）。它的基本过程包括：主试直接向儿童被试展示奖励物，然后告诉被试他有事需要离开房间一会儿，在此期间，被试不可以接触奖励物，如果被试不愿等了，可以按铃让主试回来。被试理解规则后，主试离开。实验记录被试的等待时间和延迟策略，主试在 15 分钟或 20 分钟后回来，或在儿童被试按铃后回来。③礼物延迟（Gift Delay）。由 Funder 和 Block[323]设计，基于个性特质理论，他们认为个体在延迟或不能延迟满足方面是有个人差异的。用以测量被试的冲动控制倾向，包括抵制拿礼物的冲动和打开礼物的冲动。基本过程包括：主试给被试展示一个包裹好的礼物，将礼物放在被试视线范围内且刚好够不着的地方，并要求被试在得到礼物之前要完成某项任务（常为拼图任务）。确定被试了解了规则后，主试指导被试完成为 4～5 分钟的任务，任务完成后，主试有意整理资料，延迟 90 秒后才将礼物给被试。主试需要记录被试所有指向礼物的言语或动作行为。延迟分数包括4个指标：延迟时间、指向礼物的言语行为、指向礼物的身体行为、打开礼物时的延迟行为（立即打开、路上打开或者回家后打开）[323]。从以上有关延迟满足的分类来看，延迟满足主要包括个体本身的自我控制、外部的诱惑、外部的压力3类，基于这一原理，我们在考虑农村教师的实际情况的基础上，如果需要提升农村教师的职业延迟满足，也可以从3个方面着手进行引导。首先，一部分延迟满足是来自个体自身的自我控制能力，对于这一类延迟满足，我们可以采用在学龄前、学习阶段、入职前教育、职后培养的各个阶段均进行个体的自我控制能力培养，使教师的自我控制和调节能力得到提高，从而在工作中更愿意采取延迟满足而不是即时满足。其次，另一部分延迟满足来自礼物，也即是指在受到外部激励和诱惑的情况下个体会采取延迟满足而非即时满足，对于这种情况，教育管理部门应当从制度上进行设计，建立农村教师收入分配和职称晋升的激励机制，让愿意延迟满足即愿意投入更多工作的农村教师感受到对于工作的投入在将来可以得到相对更多更好的回报，目前我国普遍采用的绩效工资方案也是这种激励机制，但不可避免地仍有许多地方在工资收入和个体晋升方面的激励机制设计不足，导致许多农村教师不愿意选择延迟满足，这可能也是当前我国农村教师"下不去、干不好、留不住"的一个深层次原因。最后，还有一部分延迟满足是来自外部强加的压力，对于这种延迟满足，可以在制度方面进行设计，给农村教师一些来自制度方面的压力，比如教学事故扣发一定的奖金、师德师风问题在各类评比时实行一票否决制，对小问题小惩罚、大问题严处理的方式促使教师不会为了眼前利益而放弃长远利益。事实上也有很多学校有这样的制度，但执行是否到位、制度是否健全也有待考究。总之，基于职业延迟满足理论构建农村教师激励机制是促进农村教师加强工作投入、提升工作满意度、加强农村教师队伍建设、促进农村教育事业发展的有效途径。

诚然，综合考虑延迟满足理论，管理部门在设计农村教师激励机制时也有几个方面的问题需要考虑。第一是要让教师有满足可以延迟。在延迟满足理论中，教师是选择即时满足还是选择延迟满足，其前提是有延迟满足可以选择，这就要求我们必须提供延迟满足给教师去选择。如果教师面对的只有即时满足一个选择，我们就无法要求教师选择延迟满足。例如，在教师希望可以进行职称晋升时，如果学校多年来都分不到职称晋升的指标数，那么教师们就没有延迟满足可以选择，几乎所有的教师均只能选择不参加职称，当然也就不会存在为了职称晋升而放弃休息时间加强学习、加班工作，而更多的可能是利用休息时间放松、旅游、休闲，甚至会影响到教师的工作积极性和工作投入程度。同样的，每位教师都希望平时在工作上比别人付出更多时间、精力，并取得比别人更好的成绩时，能够在后来得到精神上和物质上的奖励，如果时间、精力付出得比别人多，业绩也更好，但最终在收入、奖励、晋升时均没有额外的考虑，那么将会严重影响教师的工作积极性。第二是要让教师延迟之后可能得到满足，这也包括两个方面的内容。①是要给教师设定延迟满足的激励机制，但是我们不能把条件设置得太高，太高、太难的条件会给教师带来不切实际的感觉，从而使农村教师放弃延迟满足而选择即时满足，从而缺乏职业规划，这也会降低工作满意度。某校制定了职称晋升评审细则，但在制定时将文科与理工科的标准统一，将所有学科以同一个标准进行评定，因此部分学科的教师在职称晋升时难度非常大，这些弱势学科的大部分教师对于过高的标准只能选择放弃延迟满足，不愿意在职业规划和职业发展上投入精力，严重降低了工作积极性。②设定的延迟满足的激励机制必须具有相对的稳定性，政策变化太快容易导致教师在工作过程中产生许多的不安全感，因此他们在面对即时满足和延迟满足的选择时，会大大增加放弃延迟满足的可能性。曾有这样一个例子，某校为某一学科的比赛从竞赛级别、参赛费用、赛后奖励等各方面均制定了比较完善的政策与激励机制，并形成文件对全校公开，然而当一些教师花费自己的课外时间、牺牲自己的休息时间在晚上、周末、假期指导学生学习并参加比赛，最终获得优异成绩后要求按照文件进行奖励时，结果本应按照文件规定执行给予的奖励被临时取消，这一结果直接导致多位指导学生取得优异成绩的教师不愿再承担指导学生参加比赛的工作。因此，激励政策应当保持相对的稳定性，有不完善的地方可以按照程序进行完善，而不是事前一套、事后一套，让教师无所适从，从而使他们不愿意进行延迟满足，降低了工作满意度与工作积极性。第三是要让教师们愿意选择延迟满足。这个主要是指有延迟满足可以选择，且目标也可以达到，最后的奖励有吸引力。例如，某校鼓励体育教师担任运动训练队教练员，指导学生参加训练，教师利用晚上、周末和暑假的休息时间进行了多项训练工作，然而相比其他教师来说，每年仅仅多几百元奖金，物质奖励相对于当前的生活水平来说已经很少，并且对于指导的学生获得的各个级别竞赛奖励，没有任何精神上的奖励，在计算绩效工资、职称晋升时均不认可，这样的制度只会导致教师对于工作没有激情，即使迫于压力在工作，但工作上的投入肯定不足，工作满意度也会受到严重影响。因此，为了避免这种情况发生，管理者必须根据延迟满足过程中，教师所需要付出的时间、精力，来考量即时满足与延迟满足之间的差别，不能很少的付出却获得大回报，也不能巨大的付出只获得极小的回报。总之，激励机制建设在路上，还需根据社会经济发展和学校的实际情况进行不断的修改，使之能最大限度调动教师工作的积极性、提高教师工作满意度。

三、基于组织公平的建议

随着经济与社会的高速发展，多元化已成为当今时代一大主题。多元化意味着管理人员对待员工不能再像以往那样不重视员工的特殊性与差异性，而应当高度重视员工之间的个体差异，针对员工的个体差异进行区别对待管理，这一理论实际从当年孔子的因材施教便可得到启发。提高员工的工作满意度是管理的一个重要任务与目标，为了达成这一目标，管理人员在管理的过程中必须注重组织公平对员工的工作满意度的影响。在教育领域中，教育管理者也必须遵循这一原则，才能提高教师的工作满意度。本次研究对组织公平在农村小学体育教师职业延迟满足与工作满意度的相关关系中的调节作用进行探讨，通过对数据的统计分析，不仅发现农村小学体育教师的职业延迟满足与工作满意度呈正相关关系，同时还发现在职业延迟满足与工作满意度的关系中，组织公平和工作满意度之间呈正相关关系（r＝0.338，P＜0.01）。组织公平在职业延迟满足与工作满意度间起调节作用，即组织公平感的得分越高，职业延迟满足与工作满意度的正相关关系越强，反之亦然。这一结果体现了组织公平对提高农村小学体育教师工作满意度的重要性。

组织公平是指组织中的个体对于其在工作中所感受到公平对待的主观感受，许多研究从分配公平、程序公平、领导公平这三个方面来对组织公平进行测评[324]。分配公平是个人对所获报酬的公正知觉，也就是个体依据某一标准对最终的分配结果的公平性的评价，也称为结果公平，主要表现在组织员工对于收入和消费品的分配的相对公平公正，在相同条件下的组织员工之间的收入不能出现差距过大的情况。分配公平注重对分配结果的公平探讨，是社会比较早期的关注焦点。程序公平是由 Thibaut 和 Walker[325] 提出的，是指组织中的员工对薪酬分配过程中体验和感受到公平的程度，却对分配的过程和程序是否公平的评价。此时，社会比较的研究转移到了分配程序的公平，而降低了对分配公平的关注程度。领导公平实际上是 Bies 和 Moag[326] 提出的互动公平，指在薪酬分配过程中组织员工对于程序执行者（即领导）对待自己的方式、态度等的公平直觉。一方面包括管理者在执行程序或决定结果时，是否尊重下属等；另一方面是指在分配的过程中管理者是否给组织员工进行了必要的解释，即如此分配的理由。费孝通[327] 认为，公平感是一种个人的主观感受，如果多数人认为公平，那么就是公平的。组织中的公平主要包括两个方面：一方面是客观现实的公平，这个方面，管理者一般通过采取适当的措施和制定各种制度（如分配制度、晋升制度）来达到相对的公平，因为绝对的公平是难以实现的；另一方面是指组织成员对组织是否公平的一种主观感受。这两个层面的组织公平之间有区别也有联系，一个公平的制度是前提，制度本来在客观事实上就存在不公平，是很难让组织员工感受到组织的公平的，而即使在制度上做到了公平，如果组织中的员工对于这个公平制度认识不足、了解不够、接纳不足，那么，这个公平的制度对于组织员工的影响也难以发挥出应有的作用[328]。因此，从组织行为学的视角对此问题进行分析，可以认为客观上的制度公平是基础，而员工对组织是否公平的主观感受具有更高的价值，也就是说组织公平感比制度的公平更加重要，因此，研究者们平时所探讨的组织公平问题，事实上主要是基于对员工的组织公平感的讨论。考虑到组织公平对于工作满意度有直接正向的作用，同时还在职业延迟满足与工作满意度的关系中起到调节作用，因此，提高农村小学体育教师的组织公平感是提高农村小学体育教师工作满意度的有效途径，而从以上三个方面同时着手将会起到更好的效果。

（一）改善领导公平

虽然在对农村小学体育教师工作满意度的调查中发现，农村小学体育教师对领导的满意度得分在工作满意度所有维度中处于中等水平，但是平均得分为3.28分，得分仍然不高。另外，由于学校领导与普通教师在地位上处于不平等的状况，因此，领导与普通教师在考虑问题和处理问题时会有不同的视角，从而产生不同的观点与态度，双方难以站在对方的角度考虑问题，普通教师考虑问题多从个体的角度出发，而领导考虑问题需要从整体上全面考量，领导在处理与下级的关系时，应着重调动下级的工作积极性，而不应当有等级意识，或利用等级关系为个人或少数人谋取利益。因此，改善上下级关系可以从以下几方面着手。

1. 客观公正，制定相关制度

公正又叫公平（Justice），是人类社会追求的最基本的行为规范和价值理念，公正对于人类的福利来说，其重要性超过其他任何东西。我们可以从三个方面来理解公正：①保证社会成员之间享有平等的权利；②在社会活动中社会成员享有平等的机会；③必须确保从事经济活动的主体实现经济公正。一直以来，公正就是人类追求的目标，包括苏格拉底、亚里士多德、卢梭、柏拉图等这些伟大的思想家对于公正问题予以极大的关注。柏拉图和苏格拉底一致认为，正义是人的一种美德，是社会秩序和谐的表现。马克思认为：正义就是人类解放、自由平等充分实现、人性全面发展，也是处理和协调社会问题以及人与人之间关系的表现。当代美国哲学家罗尔斯将正义看作社会制度的首要价值，并包括社会正义和个人正义两种。总之，对于公正的内涵有各种不同的理解与解释，但是，人们对于公正的看法，总是基于他们所处的时代背景得出的结论，而在当今时代，公正的内涵是保障人民的权利、维护人民的利益，而弱势群体的权利和利益更是我们关注的焦点与需要保护的重点。

制度包含两个方面的意思：第一是制定出来要求所有人一起共同遵守的行为准则和办事规章；第二是指一定历史条件与历史背景下所形成的政治、经济、文化等方面的社会行为规范体系，它包括正式的制度和非正式的制度两种。正式的规则、法则、规章等即正式制度；风俗习惯、伦理道德、文化、价值观念等社会行为规范则属于非正式制度。社会制度最重要的价值就是公正，制度公正则是指符合公正要求的制度体系，这种公正包括两个方面的内容：一是制度本身的内容公正，二是制度运行的形式公正。教师如果在工作中感受到评价机制不是客观公正的，那么评价结果也将无法预期，同时结果产生的过程也难以预料，即在工作中对程序感知到不公平，则最有可能采取减少工作投入和工作产出的方式表达心中的不满意情绪。因此，学校管理者应当广泛听取意见，发扬民主，让普通教师有参与制定政策、参与决策的权利，充分发挥普通教师的能力，同时也可以使过程公开化、公平化、科学化、民主化，获取大多数教职员工的参与、支持、理解、合作与执行，从而提高教师的工作满意度，提高组织运行的效率。

2. 尊重下级，建立平等关系

在人与人交往时，人与人之间是平等的，这是基于平等思想的观念[329]。在古代，特权者与普通人之间是不平等的，到了近代，思想家们提出人与人之间是生而平等的，法律面前人人平等，到权利的平等，人人平等的思想经过了漫长的社会历程，在不同的时间表达出不同的特征，到目前为止，平等思想已被认为是构建理想社会的基本原则与价值取向。

平等不仅仅是现代社会的理想追求，同时也是每个人基本的政治权利。人与人之间是平等的，需要相互尊重。人与人之间平等，是指在人格和法律地位上的平等、在做人的资格上是平等的[330]。社会主义社会人际交往，首先要坚持平等的原则，无论是公务还是私交，都没有高低贵贱之分，要以朋友的身份进行交往，才能深交。在学校中，上下级之间的关系首先是人与人之间的关系，因为上下级首先均不能摆脱人的属性，管理者也好，被管理者也好，首先是人，然后才是管理者或被管理者。所以，上下级在工作中是领导与被领导的关系，但在平时的人际交往与人格上都是平等的，没有高低贵贱的区别。合格的管理者不会依仗手中的权力而轻视下级、压迫下级，甚至对下级打击报复，这样会使下级产生反抗心理与怨恨情绪，对上下级之间的感情与关系产生伤害，形成不融洽的关系；反之，上级管理者若能以良好的态度和善意的角度对待下级并与之平等交流，则可以建立良好的职场关系，有利于工作之间的合作、工作的顺利开展及工作任务的完成。在上下级的职责与权利明确的情况下，上级应充分尊重下级的职责与权利，同时给予下级依照要求合理合法地自主行使权利与履行职责，上级仗着地位和权利不考虑下级的想法、干涉下级的合理行为、对下属的行为乱加评论与指责，将使下级对上级产生厌烦、抵触情绪甚至是怨恨心理，严重伤害相互之间的情感与关系，严重降低大家的工作满意度。

3. 信任下级，建立和谐关系

美国心理学家 Deutsch[331] 进行了著名的囚徒困境实验，并提出了信任这一概念，他认为信任反映了个体的心理与行为，个体的心理和行为是对情境刺激做出的反应。信任这一概念自从提出之后，受到相关学者的关注，并从各个方面进行了研究。当前西方学者们对信任的研究主要包括四种倾向：一是认为信任是一种心理和行为，根据具体情境来具体进行分析；二是认为信任是个体经过学习之后所形成的稳定的人格特征；三是认为信任是人际关系；四是认为信任是社会制度与文化规范的产物[332]。信任这一研究问题在西方的社会科学研究领域中，自从20 世纪初受到关注以后就一直快速发展，时至今日，有关信任的研究涵盖了心理学、社会学、教育学、管理学、政治学、经济学等几乎每一个社会科学领域，而各个学科之间还存在许多交叉性的研究，形成了诸多的跨学科研究，目前仍然是社会科学领域的一个研究热点。

管理者对普通教师的信任是上下级双方和谐关系建立的基础与根本。我国从历史发展以来，一直非常注重社会关系，特别是人际交往之中的关系，更是受到极大的重视。人与人之间关系的密切性对于人际之间的信任程度有很大的影响，人际关系是人与人双方互动的结果，只有人与人一起，双方共同努力、共同经营，才能构建和建立融洽的人际关系，如果双方少沟通、少交流、不重视、不付出，那必然无法形成良好的人际关系。对于组织内部的员工之间的人际信任水平，在很大程度上受到组织员工与组织员工之间的人际关系的影响。为了建立组织员工之间的人际信任水平，管理者可以：①通过组织部门共同参与或多个不同的部门共同参与的培训、训练、竞赛、交流等多种活动来促使员工相互认识、了解，为组织员工之间建立密切关系提供良好的条件，从而帮助组织员工建立良好的人际关系，从而提升组织员工之间的人际信任水平。②树立群众观点，坚持群众路线，从思想上认识到上下级之间的区别与联系，下级不一定比上级差，相反，每一名一线教师在很多方面往往有自己的特长，三人行，必有我师，作为管理者，也要善于学习，这样也可以从一线教师那里学习到许多经验与知识，这样的心态使管理者在面对下级时不会有一种高高在上的感觉，而是亲密相处，对于相互之间的信任有极大的促进作用。③管理要具体地信任下级，对下级的信任必须让下级感受到真正的信任，通过语言、行为、情感去体现对下级的信任。组织应当要有鼓励创新、不怕出错的组织氛围，使得有创新精神的组织员工感受到组织的信任与支持，从而提高其组织归属感的水平和组织认同感的水平，进而提高员工在组织中的受信任感与安全感，大力建立诚信的组织文化，建立信任关系，提高信任水平，有利于激发组织员工的积极性、主动性，对于农村学校事业的发展具有重要的推动作用。④管理者要容忍下级的个性，有许多有能力有水平的下级都或多或少具有一些个性，没有个性人难以在某方面做出十分突出的成绩，管理者对下级信任的一个重要标准就是容忍个性，有的上级在表面上体现出对下级的信任，但在实践中却难以落实真正的信任，教师们如果不能受到管理者的信任，就会使个性受到压抑、主观能动性难以发挥，从而难以与上级建立起融洽的双方关系，更不可能发挥教师的积极性与为组织目标奋斗的激情。

4. 加强沟通，了解、尊重上级

处理好上下级之间的关系，构建融洽的管理者与教师关系不仅包括上级对下级的尊重与信任，同时也包括了下级对上级的尊重，下级尊重上级也是处理好关系的一个重要方面。尊重上级是非常重要的人际关系部分，因为尊重是相互的，人与人之间的关系决定了相互尊重方有可能建立和谐关系，上下级之间的关系也是同样情况。已有的相关研究对这一关系进行了探索，并揭示了其中的规律，即：相互尊重是人与人之间普遍存在的一种需要。

美国心理学家亚伯拉罕·马斯洛在《人类激励理论》论文中提出了著名的马斯洛需要理论，这一理论已成为人本主义科学的经典理论之一，指出人类的需求共分为 5 个层次，由低到高按层次像阶梯一样排列分别是：生理需要、安全需要、爱和归属需要、尊重需要、自我实现的需要[309]。在马斯洛的需要理论中，有两个方面的需要与人与人之间的相互尊重有直接关系：①爱和归属的需要，爱和归属的需要是指社会成员希望与社会中的其他成员建立情感联系及隶属于某一群体，同时，还会希望自己在社会群体中能够有一定的地位，爱和归属的需要包括给他人的爱和接受他人的爱。社会性是人的基本属性之一，人在社会中就必然需要与其他社会成员发生社会交往，并期望得到其他社会成员的关心、支持与爱护，同时有所归属，得到认可。②尊重的需要，尊重的需要主要包括两种类型：内部尊重和外部尊重，内部尊重是指自信，即一个人希望在各种不同情境中能胜任、充满信心、独立自主，而外部尊重是指一个人希望有威信、有地位，得到他人的信赖、高度评价及尊重，每一个社会成员都希望能够得到其他社会成员的尊重，被其他社会成员认为自己很重要，即每个人都会有自尊，都有被人尊重的需要。根据马斯洛的观点，如果一个人尊重的需要能够得到满足，那么这将使人体验到自己的个人价值和社会价值，从而充满自信，对社会满腔热情。卡耐基在《人性的弱点》中这样描述："任何人，包括屠夫、面包师、国王，都喜欢那些欣赏、尊重和关心他们的人。"爱和归属的需要及尊重的需要是在当前我国生活水平大大提高的国情下，即当前农村小学教师的生活水平大大提高、经济条件大大改善的情况下，农村教师心中均会普遍存在的需要。

下级尊重上级主要包括三个方面的内容：①对上级的能力、工作和成绩的认可与肯定；②接受并服从上级的观点、行为、决策；③在需要的时候能够关心与帮助上级。在社会主义社会，倡导人与人之间是平等的关系，管理者与被管理者在生产资料、地位、人格等各方面均是平等的地位，因此，上下级之间必须相互尊重，从下级的角度来说，如果要与上级建立良好的关系，得到上级的尊重，必须自己尊重上级。在现实社会中，那些能够得到上级尊重的教师，大多是对上级给予足够的认可与尊重的教师，相反，总是轻视上级、针对上级、贬低上级的教师，根本不可能会认真完成上级交给的任务，也就不可能得到上级的尊重与认可，更无法建立和谐、融洽的良好关系。

总之，管理者与普通教师双方共同努力，方能建立融洽的上下级关系，在上级管理者努力协调融合与下级教师之间的关系时，下级教师也应当积极努力配合，与上级管理者建立良好的上下级双方关系。教师作为学校的主体，最重要的就是要尊重管理者，积极努力，得到上级管理者的信任、理解、支持与帮助，从而避免产生上下级之间的心理隔阂，有效地促进上下级之间的双方关系积极协调发展，同时，这也是上级管理者从内心认同一线教师、支持一线教师与帮助一线教师的重要前提。同时，让上级感受并发现教师能够做到敢于开拓创新，不但能做好本职工作，同时还可以在其他方面为学校出力，帮上级管理者提建议、出点子，不断推动学校进步。最后，要适应管理者的交流沟通方式，常沟通、多交流，从而促使上下级之间互相了解、相互理解、相互支持、共同努力、协同发展。

（二）加强分配公平

分配公平这一理论最早来源于社会心理学中的组织公平理论[333,334]，这一理论主要强调对于分配结果（Outcome）是否公平的主观感知。组织公平理论提出之后，一些研究者们开始对组织成员对组织行为和组织结果公平与否的感知进行研究，如收入分配制度、员工晋升制度等，随后出现了有关组织公平的影响因素的研究，这一理论的出现开创了组织公平理论研究的新纪元，也是分配公平研究的起源，是组织行为学理论体系研究的一个重要里程碑。分配公平这一概念旨在研究对社会成员福利产生直接或间接影响的资源和物品的分配公平性[335]。分配公平是社会成员（或组织中的成员）对社会资源（或者组织内部的资源）的分配方式与分配结果的一系列主观评价和态度。分配公平是个人对所获报酬的公正知觉，也就是个体依据某一标准对最终的分配结果的公平性的评价，也称为结果公平，主要表现在组织员工对于收入和消费品的分配的相对公平公正，在相同的条件下组织员工之间的收入不能出现差距过大的情况。分配公平注重对分配结果的公平探讨，是社会比较早期的关注焦点。分配公平有着重要的意义。首先，分配公平体现了社会主义的价值和目标。在世界历史上，资本主义由于其固有的特点，实行这一体制的西方国家和社会存在较多的不公平，这造成了对这一体制的批判与反思，社会主义也因此应运而生。当前，西方发达国家早已十分重视分配公平的问题，实现分配公平是实现社会主义的基本保障。实现中华民族的伟大复兴是现阶段的全国人民的共同理想，想要实现这一目标，必须在 2020 年实现全面小康的目标，社会更和谐、经济更发达、生活更富裕，国民经济健康高速发展。在这样的形势下，保证分配公平是实现这一目标的重要保障。如果社会收入分配不公、贫富悬殊，国民经济则难以实现可持续增长，甚至出现更大的社会问题，阻碍经济社会的发展及中华民族伟大复兴这一宏伟目标的实现。而收入分配公平方可激发全体社会成员的积极性、创造性，从而促进社会的持续发展。其次，分配公平体现了人民的根本利益。分配公平的实现，必须约束强者的权力意志、关注弱者的生存困境，分配公平是促使社会关注并出台政策关心弱势群体、帮助弱势群体、保障弱势群体、实现共同富裕的基本保障，也是制约强权，保障强者自觉承担社会责任、回报社会、改善弱者条件、实现和谐社会的重要途径。最后，分配公平是教育均衡发展理念的体现。我国在 20 世纪末已经实现了九年义务教育基本普及的目标，近年来，党中央、国务院一直把农村教育工作视为一个重要战略问题，特别是十九大报告指出要实施乡村振兴战略，一系列政策的实施对于保障与促进我国教育均衡发展起到了重要作用。分配公平理念也是教育均衡发展这一宏伟目标实现的根本保证。

总之，Adams 在其"公平激励理论"中指出，组织内部的资源分配公平与否对组织内部的成员的满意度有着至关重要的影响，也会对组织内部成员的行为表现起关键作用，甚至对于组织的存亡起到十分显著的预测作用[334]。对于学校来说，如果学校资源分配的方式可以使教师感受到"公平"，则对于增强教师工作满意度、激励教师投入教学有重要的促进作用；如果教师体验到"不公平"，则会降低工作满意度、使教师产生消极情绪，如工作倦怠、情绪耗竭等，甚至出现离职现象，导致教师人才的流失。对于农村教师十分匮乏的我国农村地区，教师的流失意味着人才的流失，人才是第一生产力，教师是教育的根本，农村教师流失必然会造成农村师资队伍的不稳定，甚至是农村教育质量的下滑。因此，加强分配公平，提升农村教师工作满意度，对于农村教育事业的稳定与发展有重要的意义。习近平同志在党的十八届二中全会第二次全体会议上做了重要讲话，他指出，收入分配制度改革是一项十分艰巨复杂的系统工程，必须充分认识深化收入分配制度改革的重大意义，把增加居民收入、缩小收入分配差距、规范收入分配秩序作为重要任务[336]。因此，我们应当以习近平同志的重要思想为指导，提高农村学校的分配公平程度，以期促进农村教育事业的发展，推动乡村振兴目标的实现。

（三）推动程序公平

在组织公平感最初的研究阶段，大多研究都偏重于探讨分配结果的公平性，然而随着研究的不断深入与深化，研究者们发现，单纯对于分配公平理论进行深入研究仍然难以完全解释人们对于不公平的反应与感知[335,337,338]，仅仅只考虑分配的结果难以解释总的公平，研究者们对于组织公平的研究重心很快便从分配公平转移到程序公平上来。人们发现，与分配结果相对应的分配的程序是否公平也是组织公平的重要组成部分，程序的公平会对个体在分配过程中的公平性产生主观判断。这一研究结果得到人们的普遍关注和认同，并导致了程序公平被研究者们看成是组织公平的一个重要构成部分，对此展开了一系列的研究。程序的公平主要是注重分配的过程，它关注社会（或组织内的）所有成员在机会或结果获得的程序上、制度上能否受到公平公正的对待。薪资、财物、资源等分配决策过程中的程度是否公平公正，对组织成员感受到的公平与否起着重要的影响与决定作用。

1975 年，Thibaut 和 Walker 针对法院处理过程中的争议，首次提出了程序公平这一概念，他们认为程序公平是参与或投入程序中的程度，具体体现在个体在决策的过程中能否获得发言的机会[325]。相关研究发现，组织成员除对于分配结果公正与否给予重点关注之外，还会对决策过程是否公平予以极大的关心，即便分配的结果对个人不利，只要组织员工能够感知到组织的决策程度是公平的，那么员工从内心也能够接受这种不利的分配结果。这一现象导致了研究者们的思考，从而开始探索怎样才能让组织成员从决策过程的程序中感知到公平，目前比较一致的观点认为程序公平需要遵循五个基本原则，分别是：①管理人员的管理过程必须依靠客观准确的信息；②对于组织员工的意见，管理者应当听取并做到有错就改；③对于涉及自身利益的决策问题，组织员工有权利发表意见；④管理人员对组织内的所有成员没有偏见，一视同仁；⑤组织的各项决策程序要遵守社会规范。Leventhal[339]则认为程序公平是在调节分配的过程中，组织成员（或社会成员）是否能够从所用的程序要素中体验到公平的感知，这一界定将程序公平的相关研究领域发展到组织环境领域，并认为应当从一致性、信息的准确性、无偏性、代表性、可修正性、伦理性六个原则来评价程序是否公平。Greenberg[340]提出五个原则来判断程序公平与否，与 Leventhal[339] 的六个原则基本一致，仅少了道德性原则。总之，程序公平是指在组织在分配决策过程中，组织成员对程序是否公平的感知，是对于组织资源分配中，组织员工对于原则公平与否、决策过程一致与否、无偏与否的一种感知。

程序公平具有非常重要的作用：①程序公平使晋升的条件与要求得以明确，员工可以按照要求制定目标并进行努力，程序公平是组织员工明确目标的前提，对于组织员工有着重要的促进与激励作用；②对于未能晋升的组织员工，程序公平可以消除其负面情绪；③程序公平是结果公平的前提；④程序的公平说明组织成员在管理人员的面前是平等的，并受到管理人员的尊重，能够促进组织成员的组织认同。总之，程序公平作为组织公平的组成部分，在人力资源管理的理论与实践中发挥着非常重要的作用。一旦组织员工感知到程序的不公平，就可能降低投入、降低工作满意度、产生离职意向甚至离职。因此，我们在农村教师队伍的管理中，必须把程序公平当成一件大事，努力做到程序上的公平，从而提高农村教师的工作满意度与组织承诺，促进农村教师队伍的稳定。综上所述，要提高农村小学体育教师的工作满意度，教育管理部门与农村学校的管理人员必须考虑组织公平的重要价值，通过建立完善的绩效与薪酬制度确保分配公平、通过加强领导干部管理来增加领导公平、通过教师参与决策并使决策过程公开公正以加强程序公平，真诚对待每一位农村教师，实行人性化、制度化管理，公开、公平、公正地管理，从而提高农村教师的工作满意度。

总而言之，本研究就湖南省农村小学体育教师工作满意度的现状进行了调查与分析，并对职业延迟满足对农村小学体育教师工作满意度的影响及其机制展开讨论，从工作满意度本身、职业延迟满足视角、组织公平视角几个方面提出了提高农村小学体育教师工作满意度的对策与建议。教育管理部门与农村学校要共同努力改善办学条件、完善管理体制、改进管理理念，包括改善待遇、改善硬件条件、加强组织公平、提高职业延迟满足，构建一个宽松、舒适、公平、公正的工作环境，多给农村教师一些专业发展和职业发展的机会，激发他们的工作积极性，提高他们的工作满意度。

参考文献

［1］ Freud S. Formulations regarding the two principles in mental functioning ［M］. Collected papers, New York: Basic, 1911.

［2］ Mischel W, Underwood B. Instrumental ideation in delay of gratification ［J］. Child Development, 1974, 45 (1): 1083 – 1088.

［3］ Mischel W, Shoda Y, Rodriguez M I. Delay of gratification in children ［J］. Science, 1989, 244 (4907): 933 – 938.

［4］ 王忠军, 刘云娟, 袁德勇. 职业延迟满足研究述评 ［J］. 心理科学进展, 2012, 20 (5): 705 – 714.

［5］ Mischel W, Shoda Y, Peake P K. The nature of adolescent competencies predicted by preschool delay of gratification ［J］. Journal of Personality and Social Psychology, 1988, 54 (4): 687 – 696.

［6］ Funder D C, Block J H, Block J. Delay of gratification: Some longitudinal personality correlates ［J］. Journal of Personality and Social Psychology, 1983, 44 (6): 1198 – 1213.

［7］ 杨丽珠, 于松梅. 儿童自我延迟满足心理机制的研究综述 ［J］. 心理科学, 2002, 25 (6): 712 – 715.

［8］ Hoerger M, Quirk S W, Weed N C. Development and Validation of the Delaying Gratification Inventory ［J］. Psychological Assessment, 2011, 23 (3): 725 –

738.

［9］Mischel W. Self – control theory ［M］. Handbook of Theories of Social Psychology Thousand Oaks, CA：Sage, 2011：1 – 22.

［10］黄蕴智. 延迟满足——一个值得在我国开展的研究计划 ［J］. 心理发展与教育, 1999, V15 （1）：54 – 57.

［11］刘晓燕, 郝春东, 陈健芷, 等. 组织职业生涯管理对职业承诺和工作满意度的影响——职业延迟满足的中介作用分析 ［J］. 心理学报, 2007, 39 （4）：715 – 722.

［12］Cheung V. Delay of gratification and strategic planning ［D］. Berkeley：University of California, 2007.

［13］Reynolds B, Schiffbauer R. Delay of gratification and delay discounting：A unifying feedback model of delay – related impulsive behavior ［J］. The Psychological Record, 2005, 55 （3）：439 – 460.

［14］张艳洪. ICU 护士职业延迟满足对工作满意度影响的研究 ［J］. 护理管理杂志, 2017 （04）：238 – 239.

［15］王蒙, 侯通, 燕增奎, 等. 职业延迟满足与工作满意度对军队医院护士离职意愿的影响 ［J］. 神经疾病与精神卫生, 2014, 14 （3）：296 – 298.

［16］Schlam T R, Wilson N L, Shoda Y, et al. Preschoolers' delay of gratification predicts their body mass 30 years later ［J］. The Journal of pediatrics, 2013, 162 （1）：90 – 93.

［17］刘霄, 李丽娜, 陈晨, 等. 企业员工职业延迟满足感与负性情绪的关系研究 ［J］. 考试周刊, 2014 （7）：193 – 194.

［18］李贞. 教育改革：托举美好明天 （十九大时光）［Z］. 2017.

［19］孙颖. 基于内部异质化的乡村教师队伍建设研究 ［J］. 中国教育学刊, 2016 （9）：82 – 85.

［20］国务院办公厅. 国务院办公厅关于印发乡村教师支持计划 （2015 ~ 2020 年）的通知 ［Z］. 2015.

［21］梁建平，龙家勇，常金栋，等．我国中、小学体育教师职业人格结构研究［J］．体育科学，2010，30（12）：55-63.

［22］国务院办公厅．国务院办公厅关于强化学校体育促进学生身心健康全面发展的意见［Z］.2016.

［23］周华．专业化视域下中小学体育教师职后培训研究——以上海市徐汇区为例［D］．上海：上海师范大学，2015.

［24］吴梅，许晓君．我国乡村教师队伍建设面临的困境及其破解［J］．当代教育科学，2017（6）：61-64.

［25］Judge T A, Ilies R. Relationship of personality to performance motivation: a meta-analytic review［J］. Journal of applied psychology, 2002, 87 (4): 797-807.

［26］Renn R W, Allen D G, Fedor D B, et al. The roles of personality and self-defeating behaviors in self-management failure［J］. Journal of Management, 2005, 31 (5): 659-679.

［27］陈始棠．知识型人才的职业延迟满足、自我职业生涯管理和职业成功关系研究［D］．杭州：浙江工商大学，2012.

［28］胡世辉．企业员工成就动机、自我职业生涯管理与职业延迟满足的关系［D］．西安：山西师范大学，2012.

［29］Twenge J M, Catanese K R, Baumeister R F. Social exclusion and the deconstructed state: Time perception, meaninglessness, lethargy, lack of emotion, and self-awareness［J］. Journal of Personality and Social Psychology, 2003, 85 (3): 409-425.

［30］Meriac J P, Woehr D J, Banister C. Generational Differences in Work Ethic: An Examination of Measurement Equivalence Across Three Cohorts［J］. Journal of Business & Psychology, 2010, 25 (2): 315-324.

［31］伊秀菊，刘杰．职业延迟满足与成就动机的关系研究［J］．湖南工业职业技术学院学报，2009，9（6）：104-105.

［32］王增涛．企业员工人格变量对工作投入的影响研究［D］．曲阜：曲

阜师范大学，2009.

［33］Joy V L, Witt L A. Delay of gratification as a moderator of the procedural justice – distributive justice relationship ［J］. Group & Organization Management, 1992, 17（3）: 297 – 308.

［34］Miller M J, Woehr D J, Hudspeth N. The meaning and measurement of work ethic: Construction and initial validation of a multidimensional inventory ［J］. Journal of Vocational Behavior, 2001, 59: 2001.

［35］余玉娟. 护士职业延迟满足与工作满意度的相关性研究 ［J］. 现代实用医学, 2013（05）: 598 – 599.

［36］温雅文. 职业延迟满足的内容结构及其与工作满意度及组织承诺的关系研究 ［D］. 广州: 暨南大学, 2015.

［37］卢美凤. 广西农村小学全科教师培养探究 ［J］. 高教论坛, 2015（4）: 60 – 61.

［38］黄朋, 李志远. 农村中小学体育教师工作满意度现状的调查研究——以孝感市为例 ［J］. 体育科技文献通报, 2012, 20（7）: 65 – 68.

［39］字超. 基于沟通角度对西部农村小学体育教师工作满意度的研究 ［D］. 成都: 成都体育学院, 2014.

［40］李鑫. 晋中市农村中小学体育教师工作满意度调查 ［J］. 体育研究与教育, 2014, 29（s2）: 78 – 83.

［41］Karyotakis K M, Moustakis V S. Organizational factors, organizational culture, job satisfaction and entrepreneurial orientation in public administration ［J］. The European Journal of Applied Economics, 2016, 13（1）: 47 – 59.

［42］罗献明, 宫本宏, 张国华. 护士职业延迟满足在自我效能感与工作满意度中的中介效应 ［J］. 护理学杂志, 2016, 31（1）: 73 – 75.

［43］袁蕾. 职业延迟满足对知识型员工的工作绩效、职业满意度的影响 ［D］. 武汉: 华中师范大学, 2014.

［44］康妍. 职业延迟满足对组织公平与工作满意度调节效应的研究 ［D］.

天津：天津师范大学，2013.

[45] 谢林峰. 80 后企业员工成就动机、职业延迟满足与工作满意度的关系研究［D］. 南京：南京师范大学，2014.

[46] 张萌，张积家. 职业延迟满足研究及启示［J］. 职业时空（下半月版），2008，4（10）：226.

[47] 张志辉，韩宇. 关于我国青年科研人员从事基础研究状况的初步考察［J］. 科学学与科学技术管理，2003，24（1）：61 - 64.

[48] Bembenutty H, Karabenick S A. Academic delay of gratification［J］. Learning and Individual Differences, 1998, 10（4）：329 - 346.

[49] Mchoskey J W. Factor structure of the Protestant work ethic scale［J］. Personality and Individual Differences, 1994, 17（1）：49 - 52.

[50] Ward W E, Perry T B, Woltz J, et al. Delay of gratification among Black college student leaders［J］. Journal of Black Psychology, 1989, 15（2）：111 - 128.

[51] Graziano W G, Tobin R M, Hoyle R H. Delay of gratification：A review of fifty years of regulation research［M］. Handbook of personality and self - regulation, Malden M, Wiley - Blackwell, 2013.

[52] 梁海霞，张锦. 员工职业延迟满足研究进展综述［J］. 职业时空，2010，6（4）：150 - 151.

[53] 康艳红. 职业延迟满足与职业生涯自我管理的关系研究［D］. 太原：山西大学，2009.

[54] 沃小雪. 企业员工职业延迟满足、工作投入与职业承诺的关系研究［D］. 长春：东北师范大学，2013.

[55] 李爱梅，康其丰. 人力资源实践中职业延迟满足与自我损耗的关系研究［J］. 人力资源管理，2014（3）：42 - 43.

[56] 张杏. 公务员职业延迟满足及其与工作绩效的关系［D］. 厦门：厦门大学，2014.

[57] 赵明. IT 企业员工目标定向、工作投入、延迟满足的关系研究［D］.

曲阜：曲阜师范大学，2015.

[58] Hesketh B，Watson – Brown C，Whiteley S. Time – related discounting of value and decision – making about job options ［J］. Journal of Vocational Behavior，1998，52（1）：89 – 105.

[59] 李芳园. 心理资源损耗对职业延迟满足的影响研究 ［D］. 长沙：湖南师范大学，2016.

[60] Ray J J，Najman J B. The generalizability of deferment of gratification ［J］. The Journal of Social Psychology，1986，126（1）：117 – 119.

[61] 付霞，蓝惠兰，陈丽芳，等. ICU 男护士职业延迟满足现状的调查分析及管理对策 ［J］. 护理研究（下旬版），2016，30（5）：1832 – 1835.

[62] 梁海霞，张锦，严中华. 社会创业组织与政府的关系研究及其思考 ［J］. 技术经济与管理研究，2009（3）：90 – 92.

[63] 李颖. 基层公务员职业延迟满足的内容结构及相关研究 ［D］. 广州：暨南大学，2014.

[64] 郑艳玉. 中小学教师职业延迟满足研究 ［D］. 福州：福建师范大学，2016.

[65] Mischel W，Ebbesen E B. Attention in delay of gratification ［J］. Journal of Personality & Social Psychology，1970，16（2）：329 – 337.

[66] Furnham A. Predicting Protestant work ethic beliefs ［J］. European Journal of Personality，1987，1（2）：93 – 106.

[67] 曹艺. 企业员工职业延迟满足对工作绩效的影响研究 ［D］. 南昌：南昌大学，2012.

[68] 孙裕如. 企业员工心理资本与工作绩效的关系：职业延迟满足的中介作用 ［D］. 芜湖：安徽师范大学，2013.

[69] 贾文文，王忠军，王婷，等. 职业延迟满足对工作绩效与职业成功的影响——来自定量研究和二手案例的证据 ［J］. 心理研究，2015，8（1）：71 – 77，84.

［70］赵廷廷. 成就动机、职业延迟满足、工作绩效之间的关系研究［D］. 沈阳：东北财经大学，2016.

［71］阎晓华. 目标定向对工作绩效的影响：职业延迟满足的中介作用［D］. 太原：山西大学，2011.

［72］赵慧娟. 个人—组织匹配对新生代员工敬业度的作用机理——基于职业延迟满足的视角［J］. 经济管理，2013（12）：65 – 77.

［73］胡艳华，黄敏儿. 神经质和外倾的负情绪减弱调节特点［J］. 心理学报，2006，38（4）：553 – 561.

［74］Baumeister R F. Yielding to temptation：Self – control failure，impulsive purchasing，and consumer behavior［J］. Journal of consumer Research，2002，28（4）：670 – 676.

［75］胡海燕. 大学生内隐自尊、外显自尊与自我身体识别关系研究［D］. 鞍山：辽宁师范大学，2015.

［76］王丽娜. 医学院校非医学生专业承诺与学习信念、学业延迟满足、自尊水平的相关研究［D］. 新乡：新乡医学院，2014.

［77］Spector P E. Development of the work locus of control scale［J］. Journal of Occupational and Organizational Psychology，1988，61（4）：335 – 340.

［78］Hesketh B，Watson – Brown C，Whiteley S. Time – related discounting of value and decision – making about job options［J］. Journal of vocational behavior，1998，52（1）：89 – 105.

［79］龙立荣，方俐洛，凌文辁. 企业员工自我职业生涯管理的结构及关系［J］. 心理学报，2002，34（2）：183 – 191.

［80］张锦，梁海霞，严中华. 基于职业延迟满足视角的广东社会企业员工构成与发展策略实证研究［J］. 宜春学院学报，2011，33（5）：75 – 78.

［81］万憬，李晋，白海霞，等. 护士职业延迟满足的特征研究［J］. 中国健康心理学杂志，2012，20（7）：990 – 992.

［82］陈丽芳，蓝惠兰，付霞，等. ICU男护士心理资本、成就动机对职业

延迟满足的影响 [J]. 中国护理管理, 2015 (9): 1044 – 1047.

[83] 刘燕南, 段功香, 高传英, 等. 三级医院护士职业延迟满足水平现状分析 [J]. 护理研究, 2013, 27 (28): 3111 – 3113.

[84] 俞洋, 徐国洪, 李晓玲, 等. 佛山市基层医院医务人员职业延迟满足评估及成就动机的研究 [J]. 职业与健康, 2017 (9): 1235 – 1238.

[85] 蒋语, 包妍, 刘艳, 等. 三级甲等医院护士职业延迟满足现状及影响因素分析 [J]. 护理学报, 2017, 24 (6): 31 – 35.

[86] 龙立荣, 方俐洛, 凌文辁. 组织职业生涯管理与员工心理与行为的关系 [J]. 心理学报, 2002, 34 (1): 97 – 105.

[87] Dries N, Pepermans R, De Kerpel E. Exploring four generations' beliefs about career: Is "satisfied" the new "successful"? [J]. Journal of Managerial Psychology, 2008, 23 (8): 907 – 928.

[88] Wong M, Gardiner E, Lang W, et al. Generational differences in personality and motivation: do they exist and what are the implications for the workplace? [J]. Journal of Managerial Psychology, 2008, 23 (8): 878 – 890.

[89] Meriac J P, Woehr D J, Banister C. Generational Differences in Work Ethic: An Examination of Measurement Equivalence Across Three Cohorts [J]. Journal of Business & Psychology, 2010, 25 (2): 315 – 324.

[90] 周人. 社会拒绝后的成人依恋和攻击关系的研究 [J]. 社会心理科学, 2012, 27 (9): 191 – 195.

[91] Mayo E. The Human Problems of an Industrial Civilization [M]. London: Macmillan, 1933.

[92] Hoppock R. Job satisfaction [M]. New York: Harper & Brother Publisher, 1935.

[93] 谢宝国, 龙立荣. 职业生涯高原对员工工作满意度、组织承诺、离职意愿的影响 [J]. 心理学报, 2008, 40 (8): 927 – 938.

[94] 刘松琦, 甘怡群. 企业文化与工作满意度: 人格的调节作用 [J]. 北

京大学学报（自然科学版），2007，43（2）：251 – 256.

［95］Weiss H M. Deconstructing job satisfaction［J］. Human Resource Management Review，2002，12（2）：173 – 194.

［96］罗殿军，曹超英. 组织政治知觉与组织文化的匹配及其与工作满意度的关系研究［J］. 复旦学报（社会科学版），2011（2）：132 – 140.

［97］吴凡，刘少雪. 社会网络对企业就职博士工作满意度的影响［J］. 高等教育研究，2017，38（6）：45 – 54.

［98］刘小萍，周炎炎. 高校教师工作压力对工作满意度的影响研究［J］. 高教探索，2016（1）：124 – 128.

［99］王永丽，邓静怡，何熟珍. 角色投入对工作满意度和生活满意度的影响［J］. 管理评论，2009，21（5）：61 – 69.

［100］谢义忠，韩雪，张欣，等. P – J 匹配，P – O 匹配与工作满意度的关系：LMX 的调节作用［J］. 中国临床心理学杂志，2006，14（5）：495 – 498.

［101］龚会. 心理契约及其与工作满意度的关系初探［J］. 社会心理科学，2006（2）：69 – 73.

［102］Herzberg F，Capwell D F. Book reviews：job attitudes：review of research and opinion［J］. Science，1958，127（3301）：751.

［103］Dessler G，Valenzi E R. Initiation of structure and subordinate satisfaction：a path analysis test of path – goal theory［J］. Academy of Management Journal，1977，20（2）：251 – 259.

［104］赵晶晶. 80 后员工工作满意度对组织承诺的影响研究［D］. 上海：同济大学，2009.

［105］Weiss D J，Dawis R V，England G W. Manual for the Minnesota Satisfaction Questionnaire［J］. Minnesota Studies in Vocational Rehabilitation，1967，22：120.

［106］Smith P C，Kendall L M，Hulin C L. The measurement of satisfaction in work and retirement：a strategy for the study of attitudes［J］. Attitude Measures，

1969，45（4）：194.

[107] 白光林，李国昊，凌文辁. 职业高原与工作满意度、组织承诺、离职倾向关系研究 [J]. 软科学，2011，25（2）：108 – 111.

[108] 唐晨，毛晋平. 教师团队心理资本与成员组织公民行为的关系：工作满意度的中介作用 [J]. 中国临床心理学杂志，2015，23（4）：736 – 740.

[109] Spector P E. Measurement of human service staff satisfaction：development of the job satisfaction survey [J]. American Journal of Community Psychology，1985，13（6）：693 – 713.

[110] 陈立，杨鹃. 职业认同与特殊教育教师离职倾向、工作满意度的关系研究 [J]. 中国特殊教育，2017（2）：25 – 30.

[111] 徐大真，王洁. 中职教师工作特征与工作满意度的关系：心理资本的中介作用 [J]. 信阳师范学院学报（哲学社会科学版），2018，38（3）：23 – 27.

[112] Hackman J R，Lawler E E. Employee reactions to job characteristics [J]. Journal of Applied Psychology，1971，55（3）：259 – 286.

[113] Hackman J R，Oldham G R. The job diagnostic survey：an instrument for the diagnosis of jobs and the evaluation of job redesign projects [J]. Affective Behavior，1974，13（4）：1 – 87.

[114] Hackman J R，Oldham G R. Development of the job diagnostic survey [J]. Journal of Applied Psychology，1975，60（2）：159 – 170.

[115] Brayfield A H，Rothe H F. An idex of job satisfaction [J]. Journal of Applied Psychology，1951，35（5）：307 – 311.

[116] 凌文辁，方俐洛，龚梅. 珠三角地区企业员工满意度及离职意愿的探讨 [J]. 广州大学学报（社会科学版），2007，6（2）：29 – 34.

[117] 卢嘉，时勘，杨继锋. 工作满意度的评价结构和方法 [J]. 中国人力资源开发，2001（1）：15 – 17.

[118] 郭静静. 公安消防官兵工作满意度量表的编制及其现状研究 [D]. 福州：福建师范大学，2008.

［119］杨海，朱霞，孙云峰，等．军官工作满意度量表的编制［J］．中国行为医学科学，2007，16（1）：82 – 84.

［120］陈云英，孙绍邦．教师工作满意度的测量研究［J］．心理科学，1994，26（3）：146 – 149.

［121］冯伯麟．教师工作满意及其影响因素的研究［J］．教育研究，1996，3（2）：42 – 49.

［122］王洁，徐大真．谈中职教师工作满意度量表的编制和结构验证［J］．职业教育研究，2017（11）：45 – 49.

［123］文晓巍．高校教师工作满意度量表编制与效度检验［J］．求索，2015（11）：179 – 183.

［124］何樱，陈冠燃．中文版医学教师工作满意度量表的开发［J］．中华现代护理杂志，2018，24（6）：726 – 728.

［125］洪岑．高校博士学位教师工作满意度量表编制探析［J］．扬州大学学报（高教研究版），2010，14（1）：55 – 58.

［126］黄桂梅，黄丹媚，张敏强．以结构方程模型构建中学教师工作满意度量表［J］．中国临床心理学杂志，2008，16（6）：621 – 622，620.

［127］Lodahl T M, Kejner M. The definition and measurement of job involvement ［J］. Journal of Applied Psychology, 1965, 49（1）：24 – 33.

［128］Brown S P, Leigh T W. A new look at psychological climate and its relationship to job involvement, effort, and performance ［J］. Journal of Applied Psychology, 1996, 81（4）：358 – 368.

［129］Rich B L, Lepine J A, Crawford E R. Job engagement：antecedents and effects on job performance ［J］. Academy of Management Journal, 2010, 53（3）：617 – 635.

［130］郭涛．高校教师工作绩效与敬业度关系研究［J］．电子科技大学学报（社会科学版），2013（1）：102 – 106.

［131］Blau G J, Boal K B. Conceptualizing how job involvement and organizational commitment affect turnover and absenteeism［J］. Academy of Management Review, 1987, 12 (2): 288 - 300.

［132］董浩. 员工主动性人格、工作投入与幸福感关系研究［D］. 南昌: 南昌大学, 2011.

［133］Schuler R. Worker background and job satisfaction: comment［J］. Industrial & Labor Relations Review, 1973, 26 (2): 851 - 853.

［134］梁日宁. 女性医护人员工作家庭冲突与工作投入、工作满意度的关系研究［D］. 长春: 东北师范大学, 2009.

［135］张丽芳. 山西省中学教师工作满意度、激励偏好与工作投入的关系研究［D］. 石家庄: 河北师范大学, 2009.

［136］周阳宗. 地铁施工管理人员工作压力、工作满意度与工作投入的关系研究: 以中铁十六局为例［D］. 杭州: 浙江大学, 2011.

［137］王丽婕. 员工工作满意度、工作投入与工作绩效关系的实证研究［D］. 北京: 北京林业大学, 2013.

［138］Porter L W, Steers R M, Mowday R T, et al. Organizational commitment, job satisfaction, and turnover among psychiatric technicians［J］. Journal of Applied Psychology, 1974, 59 (5): 603 - 609.

［139］Mobley W H. Intermediate linkages in the relationship between job satisfaction and employee turnover［J］. Journal of Applied Psychology, 1977, 62 (2): 237 - 240.

［140］张勉, 李树苗. 人口变量、工作满意度和流失意图的关系实证研究［J］. 统计研究, 2001, 18 (10): 51 - 56.

［141］Bal P M, De Cooman R, Mol S T. Dynamics of psychological contracts with work outcomes: the influence of organizational tenure［J］. European Journal of Work & Organizational Psychology, 2013, 22 (1): 107 - 122.

［142］Knudsen H K, Ducharme L J, Roman P M. Counselor emotional exhaustion and turnover intention in therapeutic communities［J］. Journal of Substance Abuse Treatment, 2006, 31 (2): 173 - 180.

[143] March J G, Simon H A. Organizations [J]. Social Science Electronic Publishing, 1958, 2 (1): 105 – 132.

[144] Porter L W, Steers R M. Organizational, work, and personal factors in employee turnover and absenteeism [J]. Psychological Bulletin, 1973, 80 (2): 151 – 176.

[145] Porter L W, Crampon W J, Smith F J. Organizational commitment and managerial turnover: a longitudinal study [J]. Organizational Behavior & Human Performance, 1976, 15 (1): 87 – 98.

[146] Carsten J M, Spector P E. Unemployment, job satisfaction, and employee turnover: a meta – analytic test of the muchinsky model [J]. Journal of Applied Psychology, 1987, 72 (3): 374 – 381.

[147] George J M, Jones G R. The experience of work and turnover intentions: interactive effects of value attainment, job satisfaction, and positive mood [J]. Journal of Applied Psychology, 1996, 81 (3): 318 – 325.

[148] Schwepker C H. The relationship between ethical conflict, organizational commitment and turnover intentions in the salesforce [J]. Journal of Personal Selling & Sales Management, 1999, 19 (1): 43 – 49.

[149] Kim S, Kim J N, Rhee Y, et al. Determinants of employee turnover intention: the dynamics of organization – employee relationship, organizational justice, supervisory justice, organizational culture and turnover intention [J]. Microcirculation, 2005, 17 (5): 358 – 366.

[150] Aziz A, Goldman H M, Olsen N. Facets of type a personality and pay increase among the employees of fast food restaurants [J]. International Journal of Hospitality Management, 2007, 26 (3): 754 – 758.

[151] Delobelle P, Rawlinson J L, Ntuli S, et al. Job satisfaction and turnover intent of primary healthcare nurses in rural south africa: a questionnaire survey [J]. Journal of Advanced Nursing, 2011, 67 (2): 371 – 383.

［152］叶仁荪，王玉芹，林泽炎．工作满意度、组织承诺对国企员工离职影响的实证研究［J］．管理世界，2005（3）：122－125．

［153］李华．企业管理人员职业高原与工作满意度、组织承诺及离职倾向关系研究［D］．重庆：重庆大学，2006．

［154］Yang J T. Effect of newcomer socialisation on organisational commitment, job satisfaction, and turnover intention in the hotel industry［J］. Service Industries Journal, 2008, 28（4）: 429－443.

［155］刘京梅．中国背景下员工工作满意度与组织承诺及离职倾向的相关研究［D］．北京：北京科技大学，2008．

［156］Egan T M, Yang B, Bartlett K R. The effects of organizational learning culture and job satisfaction on motivation to transfer learning and turnover intention［J］. Human Resource Development Quarterly, 2010, 15（3）: 279－301.

［157］Liu B, Liu J, Hu J. Person－organization fit, job satisfaction, and turnover intention: an empirical study in the chinese public sector［J］. Social Behavior & Personality An International Journal, 2010, 38（5）: 615－625.

［158］Chen G, Ployhart R E, Thomas H C, et al. The power of momentum: a new model of dynamic relationships between job satisfaction change and turnover intentions［J］. Academy of Management Journal, 2011, 54（1）: 159－181.

［159］Becker H S. Note on the concept of commitment［J］. American Journal of Sociology, 1960, 66: 32－42.

［160］Mowday R T, Steers R M, Porter L W. The measurement of organizational commitment［J］. Journal of Vocational Behavior, 1979, 14（2）: 224－247.

［161］Buchanan B. Government managers, business executives, and organizational commitment［J］. Public Administration Review, 1974, 34（4）: 339－347.

［162］Meyer J P, Paunonen S V, Gellatly I R, et al. Organizational commitment and job performance: it's the nature of the commitment that counts［J］. Journal of Applied Psychology, 1989, 74（1）: 152－156.

［163］Meyer J P, Allen N J. A three – compoment Conceptualization of Organization-al Commitment ［J］. Human Resource Management Review, 1991, 1 (1): 61 – 89.

［164］凌文辁, 张治灿, 方俐洛. 中国职工组织承诺的结构模型研究 ［J］. 管理科学学报, 2000, 3 (2): 76 – 81.

［165］刘小平, 王重鸣. 中西方文化背景下的组织承诺及其形成 ［J］. 外国经济与管理, 2002, 24 (1): 17 – 21.

［166］Kovach K A. Women in the labor force: a socio – economic analysis ［J］. Public Personnel Management Journal, 1980, 9 (4): 318 – 326.

［167］Bateman T S, Strasser S. A longitudinal analysis of the antecedents of organi-zational commitment ［J］. Academy of Management Journal, 1984, 27 (1): 95 – 112.

［168］Markovits Y, Davis A J, Van Dick R. Organizational commitment profiles and job satisfaction among greek private and public sector employees ［J］. International Journal of Cross Cultural Management, 2007, 7 (1): 77 – 96.

［169］Dedeoğlu B B, Inanir A, Selik S. Relationship between ethical leader-ship, organizational commitment and job satisfaction at hotel organizations ［J］. Ege Academic Review, 2015, 15 (1): 53 – 64.

［170］Williams L J, Hazer J T. Antecedents and consequences of satisfaction and commitment in turnover models: a reanalysis using latent variable structural equation methods ［J］. Journal of Applied Psychology, 1986, 71 (2): 219 – 231.

［171］La Lopa J M. Antecedents and outcomes of organizational commitment among tourism – based service workers: A study of nonsupervisory resort employees ［J］. Dis-sertation Abstracts International Section A: Humanities and Social Sciences, 1996, 56: 4552.

［172］Cullen J B, Parboteeah K P, Victor B. The effects of ethical climates on organizational commitment: a two – study analysis ［J］. Journal of Business Ethics, 2003, 46 (2): 127 – 141.

［173］Yu B B, Egri C P. Human resource management practices and affective organizational commitment: a comparison of chinese employees in a state – owned enterprise and a joint venture [J]. Asia Pacific Journal of Human Resources, 2005, 43 (3): 332 –360.

[174] Mathieu J E, Zajac D M. A review and meta – analysis of the antecedents, correlates, and consequences of organizational commitment [J]. Psychological Bulletin, 1990, 108 (2): 171 –194.

[175] 李宪印, 杨博旭, 姜丽萍, 等. 职业生涯早期员工的工作满意度、组织承诺与离职倾向关系研究 [J]. 中国软科学, 2018 (1): 163 –170.

[176] 王文俊. 女性公务员工作满意度、组织承诺与离职倾向的关系研究 [J]. 领导科学, 2016 (23): 44 –47.

[177] 叶炜杰, 王毓君, 茆广绪, 等. 组织承诺、工作满意度、职业倦怠对社区医务人员离职意愿的影响 [J]. 职业与健康, 2017, 33 (7): 935 –938.

[178] Meyer J P, Herscovitch L. Commitment in the workplace: toward a general model [J]. Human Resource Management Review, 2002, 11 (3): 299 –326.

[179] 张爱卿, 钱振波. 人力资源管理: 理论与实践 [M]. 北京: 清华大学出版社, 2008.

[180] Borman W C, Motowidlo S J. Task performance and contextual performance: the meaning for personnel selection research [J]. Human Performance, 1997, 10 (2): 99 –109.

[181] Janssen O. Fairness perceptions as a moderator in the curvilinear relationships between job demands, and job performance and job satisfaction [J]. Academy of Management Journal, 2001, 44 (5): 1039 –1050.

[182] 韩翼. 雇员工作绩效结构模型构建与实证研究 [D]. 武汉: 华中科技大学, 2006.

[183] Motowidlo S J. Job Performance. Handbook of Psychology [M]. New Jersey: John Wiley & Sons, Inc., 2003.

[184] Motowidlo S J, Van Scotter J R. Evidence that task performance should be

distinguished from contextual performance ［J］. Journal of Applied Psychology, 1994, 79 (4): 475 –480.

［185］ Deci E L, Ryan R M. Self – determination theory: when mind mediates behavior ［J］. Journal of Mind & Behavior, 1980, 1 (1): 33 –43.

［186］ Ostroff C. Rater perceptions, satisfaction and performance ratings ［J］. Journal of Occupational & Organizational Psychology, 1993, 66 (4): 345 –356.

［187］ Friedlander F. Underlying sources of job satisfaction ［J］. Journal of Applied Psychology, 1963, 47 (4): 246 –250.

［188］ Vroom V H. Work and motivation ［J］. Industrial Organization Theory & Practice, 1964, 35 (2): 2 –33.

［189］ Locke E A, Schweiger D M, Latham G P. Participation in decision making: when should it be used? ［J］. Organizational Dynamics, 1986, 14 (3): 65 –79.

［190］ Arnold A E, Coffeng J K, Boot C R, et al. The relationship between job satisfaction and productivity – related costs: a longitudinal analysis ［J］. Journal of Occupational & Environmental Medicine, 2016, 58 (9): 874 –879.

［191］ Arnold H J, Feldman D C, Purbhoo M. The role of social – desirability response bias in turnover research ［J］. Academy of Management Journal, 1985, 28 (4): 955 –966.

［192］ Brown K A, Mitchell T R. Organizational obstacles: links with financial performance, customer satisfaction, and job satisfaction in a service environment ［J］. Human Relations, 1993, 46 (6): 725 –757.

［193］ Robbins P I, Thomas L E, Harvey D W, et al. Career change and congruence of personality type: an examination of dot – derived work environment designations ［J］. Journal of Vocational Behavior, 1978, 15 (1): 15 –25.

［194］ Rad A M M, Yarmohammadian M H. A study of relationship between managers' leadership style and employees' job satisfaction ［J］. International Journal of Health Care Quality Assurance Incorporating Leadership in Health Services, 2006, 19

(2 - 3)：xi - xxviii.

[195] Mosadeghrad A M, Ferlie E, Rosenberg D. A study of relationship between job satisfaction, organisational commitment and turnover intention among hospital employees [J]. Health Services Management Research An Official Journal of the Association of University Programs in Health Administration, 2008, 21 (4)：211 - 227.

[196] Ooi K B, Bakar N A, Arumugam V, et al. Does tqm influence employees'job satisfaction? an empirical case analysis [J]. International Journal of Quality & Reliability Management, 2007, 24 (1)：62 - 77.

[197] Kara D, Uysal M, Magnini V P. Gender differences on job satisfaction of the five - star hotel employees [J]. International Journal of Contemporary Hospitality Management, 2013, 24 (7)：1047 - 1065.

[198] Latif K F. An integrated model of training effectiveness and satisfaction with employee development interventions [J]. Industrial & Commercial Training, 2012, 44 (4)：211 - 222.

[199] 方俐洛, 张立野, 凌文辁. 中国科技人员的工作满意度的研究 [J]. 科研管理, 1992 (1)：26 - 31.

[200] 卢嘉, 时勘, 杨继锋. 工作满意度的评价结构和方法 [J]. 中国人力资源开发, 2001 (1)：15 - 17.

[201] 张勉, 李树苗. 企业员工工作满意度决定因素实证研究 [J]. 统计研究, 2001, 18 (8)：33 - 37.

[202] 袁声莉, 马士华. 员工满意度实证研究 [J]. 技术经济与管理研究, 2002 (3)：22 - 24.

[203] 李颖玲. FNB 公司建立战略性人力资源体系之提高员工满意度建议及对策 [J]. 科技创新导报, 2010 (19)：206 - 207.

[204] 许明月, 刘凤霞. 提高招聘有效性的方法和技术 [J]. 人力资源管理, 2010 (12)：90 - 91.

[205] 张立威, 郭明, 李晓枫, 等. 社区卫生服务从业人员工作满意度研究

[J]．中国全科医学，2006，9（15）：1304－1306.

[206] 辜应康，何勋，陈丽英．心理契约契合度对员工行为意向的影响机制研究［J］．商业研究，2014（12）：93－100.

[207] 穆洪华，胡咏梅，刘红云．中学教师工作满意度及其影响因素研究［J］．教育学报，2016（2）：71－80.

[208] 王松涛．SF－36量表在老年人运动健身效果评价中的应用［J］．体育科学，2006，26（2）：78－81.

[209] 邵嵘，王云强．攻击规范信念量表在中学生群体中的信效度检验［J］．中国临床心理学杂志，2017，25（6）：1035－1038.

[210] 王君．小学教师社会比较、组织公平与工作满意度的关系研究［D］．南京：南京师范大学，2014.

[211] Schreisheim C，Tsui A N. Development and Validation of a Short Satisfaction Instrument for Use in Survey Feedback Interventions ［Z］．1980.

[212] 凌文辁，方俐洛．心理与行为测量［M］．北京：机械工业出版社，2003.

[213] 侯杰泰．结构方程模型及其应用［M］．北京：教育科学出版社，2004.

[214] 魏勇刚，龙长权．量表编制［M］．重庆：重庆大学出版社，2006.

[215] 李梦龙，马卫平，邓罗平．运动依赖量表的编制与信效度分析［J］．天津体育学院学报，2012，27（4）：360－364.

[216] 刘晨露．中学教师职业延迟满足与职业认同的研究［D］．天津：天津师范大学，2014.

[217] 张斌，陈萍．中小学教师职业生涯规划与专业发展调查研究［J］．中国教育学刊，2014（7）：74－79.

[218] 李三福，吴姝璇，邝娅．农村中小学教师胜任特质的现状及其发展困境［J］．求索，2015（1）：188－191.

[219] 黄涛，王玉龙，顾容．中职教师职业延迟满足现状研究［J］．成人

教育，2014，34（3）：95-98.

[220] 梁海霞. 职业延迟满足理论结构及其量表的初步编制［D］. 深圳：深圳大学，2008.

[221] 阎晓华. 目标定向对工作绩效的影响：职业延迟满足的中介作用［D］. 太原：山西大学，2011.

[222] 张锦，梁海霞. 员工职业延迟满足研究进展综述［J］. 职业时空，2010（04）：150-151.

[223] 李贞. 教育改革：托举美好明天（十九大时光）［N］.

[224] 葛新斌. 关于我国农村教育发展路向的再探讨［J］. 中国农业大学学报（社会科学版），2015，32（1）：99-105.

[225] 教育部. 中国农村教育发展报告：乡村学校生师比持续下降［J］. 乡镇论坛，2017（2）：4.

[226] 熊丙奇. 不能让300多万乡村教师看不到未来［J］. 内蒙古教育，2016（1）：41.

[227] 周钧. 农村学校教师流动及流失问题研究现状与发展趋势［J］. 教师教育研究，2015，27（1）：60-67.

[228] 娄立志，刘文文. 农村薄弱学校骨干教师的流失与应对［J］. 教师教育研究，2016，28（2）：75-80.

[229] 徐清泉. 江苏省农村小学体育教师职业倦怠现状的调查与分析［J］. 南京体育学院学报（社会科学版），2008，22（5）：75-77.

[230] 常青. 辽宁省农村中小学体育教师队伍现状研究［J］. 北京体育大学学报，2005，28（6）：812-813.

[231] 付东，肖进勇. 四川省农村中小学体育教师现状与培训策略［J］. 武汉体育学院学报，2014，48（9）：90-93.

[232] 吴恒晔. 体育教师专业发展现状及对策研究——以浙南地区农村小学为例［J］. 黑龙江高教研究，2013，31（2）：95-98.

[233] 张细谦，仲亚伟. 教师教育新理念下的中小学体育教师专业发展

［J］．体育学刊，2016，23（5）：100－104.

［234］Zablah A R，Carlson B D，Donavan D T，et al. A cross－lagged test of the association between customer satisfaction and employee job satisfaction in a relational context［J］．Journal of Applied Psychology，2016，101（5）：743－755.

［235］Kehinde O J，Adejumo G O. Effect of job satisfaction on job performance of teaching staff in tertiary institutions［J］．National Association for Science，Humanities and Education Research Journal，2010，8（1）：162－169.

［236］Lim S. Library informational technology workers：their sense of belonging，role，job autonomy and job satisfaction［J］．The Journal of Academic Librarianship，2007，33（4）：492－500.

［237］Sarraf M，Talepasand S，Rahimianboogar E，et al. Labor as the mediator for the structural relationship between emotional job demands and teaching satisfaction and performance：the moderator role of emotional intelligence［J］．International Journal of Behavioral Sciences，2017，10（4）：1－9.

［238］Skaalvik E M，Skaalvik S. Teacher job satisfaction and motivation to leave the teaching profession：Relations with school context，feeling of belonging，and emotional exhaustion［J］．Teaching and Teacher Education，2011，27（6）：1029－1038.

［239］Sargent T，Hannum E. Keeping teachers happy：Job satisfaction among primary school teachers in rural northwest China［J］．Comparative Education Review，2005，49（2）：173－204.

［240］刘荣敏，孙小燕．农村小学教师工作满意度现状调查及对策研究——以某个县农村教师为例［J］．教育与教学研究，2014，29（7）：35－38.

［241］姜勇，钱琴珍，鄢超云．教师工作满意度的影响因素结构模型研究［J］．心理科学，2006，29（1）：162－164.

［242］陈祥．农村中学体育教师工作满意度研究［D］．长沙：湖南师范大学，2015.

［243］罗杰，周瑗，陈维，等．教师职业认同与情感承诺的关系：工作满意

度的中介作用［J］．心理发展与教育，2014，30（3）：322－328．

［244］魏淑华，宋广文．教师职业认同与离职意向：工作满意度的中介作用［J］．心理学探新，2012，32（6）：564－569．

［245］王濯，王海芳，沈梅芬，等．护工总体幸福感与社会支持和工作满意度的关系［J］．护理实践与研究，2014（11）：6－8．

［246］孙宁，孔海燕．个性化契约对中国员工工作满意度及情感承诺的影响［J］．软科学，2016，30（1）：95－99．

［247］魏勇刚，龙长权．量表编制［M］．重庆：重庆大学出版社，2006．

［248］吴明隆．问卷统计分析实务：SPSS 操作与应用［M］．重庆：重庆大学出版社，2010．

［249］金杨华，谢瑶瑶．伦理型领导对知识员工公正感和满意度的影响［J］．科研管理，2015，36（12）：75－82．

［250］张军成，凌文辁．组织政治知觉影响离职倾向的多重中介效应比较分析［J］．商业经济与管理，2011，1（1）：44－51．

［251］王静，於军兰．优质护理服务示范病区护士工作满意度分析［J］．国际医药卫生导报，2013，19（9）：1371－1372．

［252］段晓芳．农村小学教师工作满意度调查与分析［J］．教学与管理，2016（30）：22－24．

［253］宋德香．济南市农村小学教师工作满意度的调查研究［D］．济南：山东师范大学，2003．

［254］刘文华．西部农村代课教师工资水平研究——基于甘肃是县1985—2012年的数据分析［J］．河北工业大学学报（社会科学版），2015，7（4）：17－23．

［255］程虹菠．经济欠发达地区农村小学教师工资待遇现状调查与对策研究［D］．锦州：渤海大学，2014．

［256］湖南省统计局．湖南省统计局关于发布2016年全省在岗职工平均工资的通知［Z］．2017．

［257］冯帮，王思勤．教育叙事研究：农村中学教师职称评定问题再审视

［J］．教师教育论坛，2014，27（12）：50－57.

［258］刘航．农村中小学教师职称评定制度的问题与对策［J］．现代教育科学：小学校长，2007（2）：39－40.

［259］马国徽．农村小学教师职称评定问题及改进策略［D］．长春：东北师范大学，2017.

［260］李进江，冯自典．农村初中体育教师工作满意度与幸福感调查与分析——以河南省南阳市为例［J］．南阳师范学院学报，2012，11（12）：76－79.

［261］甘雄，金鑫．农村中学教师工作满意度与社会支持的相关研究［J］．社会心理科学，2008，23（3－4）：135－139.

［262］朱从书，李小光．中小学教师工作满意度的调查研究［J］．长江大学学报（社会科学版），2005，28（6）：118－121.

［263］柴江，赵志纯．我国农村地区中小学教师的工作满意度及其与组织承诺的关系［J］．教育测量与评价，2008（5）：15－18.

［264］刘润秋，宋海峰，卢洋．农村特岗教师工作满意度探究——基于河南省南阳市的调研分析［J］．探索，2013（4）：147－150.

［265］陈丽英，潘建华．农村中学骨干教师工作满意度调查与分析［J］．吉林省教育学院学报，2007，23（5）：31－33.

［266］关桓达，赵正洲．中西部地区农村中学教师工作满意度实证研究——基于对586名农村中学教师的调查［J］．农业技术经济，2010（6）：66－73.

［267］郭云贵．中小学教师组织认同、职业认同与主观幸福感的关系研究［J］．北京教育学院学报（自然科学版），2016，11（3）：1－5.

［268］敖雯．云南农村中小学教师工作满意度与社会支持调查［J］．曲靖师范学院学报，2010，29（2）：68－72.

［269］顾倩．农村小学教师工作满意度与组织承诺的关系［J］．中国健康心理学杂志，2013，21（8）：1196－1197.

［270］Khamisa N, Oldenburg B, Peltzer K, et al. Work related stress, burn-out, job satisfaction and general health of nurses［J］．International Journal of Environmental Research and Public Health, 2015, 12 (1): 652 - 666.

［271］姜勇，钱琴珍，鄢超云．教师工作满意度的影响因素结构模型研究［J］．心理科学，2006，29 (1): 162 - 164.

［272］West C P, Dyrbye L N, Rabatin J T, et al. Intervention to promote physician well - being, job satisfaction, and professionalism: a randomized clinical trial［J］．JAMA Internal Medicine, 2014, 174 (4): 527 - 533.

［273］Hayes B, Douglas C, Bonner A. Work environment, job satisfaction, stress and burnout among haemodialysis nurses［J］．Journal of Nursing Management, 2015, 23 (5): 588 - 598.

［274］彭征安，刘鑫，杨东涛．组织公平与工作满意度：自我建构的调节作用［J］．南京社会科学，2015 (2): 33 - 39.

［275］吴明隆．SPSS 统计应用实务［M］．北京：科学出版社，2003.

［276］王剑飞．慢性肾小球肾炎中医证候学特点研究［D］．北京：北京中医药大学，2011.

［277］Mohsin F Z, Ayub N. The relationship between procrastination, delay of gratification, and job satisfaction among high school teachers［J］．Japanese Psychological Research, 2014, 56 (3): 224 - 234.

［278］刘玲．教师职业认同与工作满意度、职业倦怠的关系研究［D］．合肥：安徽大学，2014.

［279］管芳，马慧芳，王润惠，等．西藏地区小学教师工作价值观对工作满意度的影响［J］．教育与教学研究，2015，29 (9): 77 - 82.

［280］Khan K, Abbas M, Gul A, et al. Organizational justice and job outcomes: Moderating role of Islamic work ethic［J］．Journal of Business Ethics, 2015, 126 (2): 235 - 246.

［281］于米．组织公平、员工建言与工作产出的关系研究［D］．吉林：吉林大学，2012.

［282］薛芹．组织公平感对"90后"员工工作卷入的影响机理研究［D］．

淮南：安徽理工大学，2017.

［283］王才康，胡中锋，刘勇．一般自我效能感量表的信度和效度研究 ［J］．应用心理学，2001，7（1）：37 - 40.

［284］Skaalvik E M, Skaalvik S. Motivated for teaching? Associations with school goal structure, teacher self – efficacy, job satisfaction and emotional exhaustion ［J］. Teaching and Teacher Education, 2017, 67: 152 - 160.

［285］Schwarzer R, Mueller J, Greenglass E. Assessment of perceived general self – efficacy on the internet: Data collection in cyberspace ［J］. Anxiety Stress & Coping, 1999, 12（2）: 145 - 161.

［286］梁英豪，张大均，梁迎丽. 3 ~ 6 年级小学生心理素质发展的现状与特点 ［J］．心理学探新，2017，37（4）：345 - 351.

［287］胡洪强，刘丽书，陈旭远．中小学教师职业倦怠现状及影响因素的研究 ［J］．东北师大学报（哲学社会科学版），2015（3）：233 - 237.

［288］解晓莉．中小学教师责任意识的缺失与重构 ［J］．现代教育科学，2011（10）：89 - 91.

［289］Hsu D K, Wiklund J, Cotton R D. Success, Failure, and Entrepreneurial Reentry: An Experimental Assessment of the Veracity of Self – Efficacy and Prospect Theory ［J］. Entrepreneurship Theory and Practice, 2017, 41（1）: 19 - 47.

［290］张鼎昆，方俐洛，凌文辁．自我效能感的理论及研究现状 ［J］．心理科学进展，1999，7（1）：39 - 43.

［291］Bandura A. Reflections on self – efficacy ［J］. Advances in Behaviour Research & Therapy, 1978, 1（4）: 237 - 269.

［292］Skaalvik E M, Skaalvik S. Teacher self – efficacy and perceived autonomy: Relations with teacher engagement, job satisfaction, and emotional exhaustion ［J］. Psychological Reports, 2014, 114（1）: 68 - 77.

［293］Wang H, Hall N C, Rahimi S. Self – efficacy and causal attributions in teachers: Effects on burnout, job satisfaction, illness, and quitting intentions ［J］.

Teaching and Teacher Education，2015，47：120－130.

［294］张萍，葛明贵．中小学教师教学效能感与工作满意度的关系分析［J］．教学与管理，2013（10）：22－24.

［295］周文霞，郭桂萍．自我效能感：概念、理论和应用［J］．中国人民大学学报，2006（1）：91－97.

［296］谷明非．基于自我决定理论分析中小学教师职后培训中的教师学习动机［D］．西安：陕西师范大学，2015.

［297］郑显亮，赵薇．共情、自我效能感与网络利他行为的关系［J］．中国临床心理学杂志，2015，23（2）：358－361.

［298］高爽，张向葵，徐晓林．大学生自尊与心理健康的元分析——以中国大学生为样本［J］．心理科学进展，2015，23（9）：1499－1507.

［299］沃小雪．企业员工职业延迟满足、工作投入与职业承诺的关系研究［D］．长春：东北师范大学，2013.

［300］刘真亚，魏万宏，王璐，等．护士工作满意度、工作投入与组织公民行为的关系［J］．中华行为医学与脑科学杂志，2017，26（8）：747－750.

［301］李爱萍，沈红．大学教师晋升时间影响因素的实证分析——基于"2014大学教师调查"［J］．复旦教育论坛，2017，15（1）：76－82.

［302］黄海涛，葛欣．高校新教师专业发展需求现状与政策建议［J］．江苏高教，2017（9）：59－63.

［303］李福华．论高等学校教师职称评审的结果公正与程序公正［J］．清华大学教育研究，2016，37（2）：44－50.

［304］梁红梅，马喜．生态视域下农村校长的工作压力与应对策略——基于×省百位农村中青年骨干校长的调查［J］．教育理论与实践，2017（31）：24－27.

［305］孙颖．基于内部异质化的乡村教师队伍建设研究［J］．中国教育学刊，2016（9）：82－85.

［306］郑慧．中西平等思想的历史演进与差异［J］．武汉大学学报（哲学

社会科学版），2004，57（5）：618－628.

［307］韩锋.反歧视的理论基础：基于批判法学和后批判法学的研究［J］.兰州大学学报（社会科学版），2013，41（4）：115－119.

［308］王雅琴.论政治权利平等［J］.晋中学院学报，2017（5）：1－4.

［309］Maslow A H. A theory of human motivation［J］. Psychological Review, 1943, 50（1）：370－396.

［310］李政.职业教育供给侧结构性改革的现实之需［J］.教育发展研究，2016（9）：65－70.

［311］蒋建华.教育舆论分析的价值与思路［J］.教育研究，2011（4）：20－23.

［312］袁凌，初立娜.个人与组织匹配对组织公民行为的影响研究［J］.当代财经，2008（8）：85－88.

［313］Hurwitz W N. Sample survey methods and theory［M］. Wiley, 1953：1953.

［314］Vickrey W. Counterspeculation, auctions, and competitive sealed tenders［J］. Journal of Finance, 1961, 16（1）：8－37.

［315］Alesina A, Mirrlees J. Politics and business cycles in industrial democracies［J］. Economic Policy, 1989, 4（8）：57－98.

［316］王惠梅.儿童早期社会适应能力发展与家庭环境［J］.中国儿童保健杂志，2015，23（6）：564－565.

［317］杨丽珠，王江洋，刘文，等.3~5岁幼儿自我延迟满足的发展特点及其中澳跨文化比较［J］.心理学报，2005，37（2）：224－232.

［318］Hodges J. Fostering delayed gratification：Harnessing the power of positive compulsion［J］. Australian Journal of Clinical Hypnotherapy and Hypnosis, 2001, 22：69－77.

［319］Muraven M, Baumeister R F, Tice D M. Longitudinal improvement of self－regulation through practice：building self－control strength through repeated exercise［J］.

Journal of Social Psychology, 1999, 139 (4): 446 –457.

［320］刘晓玫. 幼儿园里如何将情商培养与社会实践活动相结合［J］. 教育界: 基础教育研究, 2011 (4): 210.

［321］但菲. 游戏对幼儿自我控制能力影响的现场实验研究［J］. 心理科学, 2001, 24 (5): 616 –617.

［322］Karniol R, Miller D T. Why not wait? a cognitive model of self – imposed delay termination［J］. Journal of Personality & Social Psychology, 1983, 45 (4): 935 –942.

［323］Funder D C, Block J. The role of ego – control, ego – resiliency, and IQ in delay of gratification in adolescence［J］. Journal of Personality and Social Psychology, 1989, 57 (6): 1041 –1050.

［324］严瑜, 张振嘉. 组织公平在多层辱虐管理中的角色: 基于道德排除理论的多视角分析［J］. 心理科学进展, 2017, 25 (1): 145 –155.

［325］Thibaut J W, Walker L. Procedural justice: a psychological analysis［M］. New Jersey: Wiley, 1975.

［326］Bies R J, Moag J S. Interactional justice: Communication criteria of fairness［J］. Research in Negotiations in Organizations, 1986, 1: 43 –55.

［327］费孝通. 社会学的探索［M］. 天津: 天津人民出版社, 1985.

［328］Saunders C, Rootes C. The organizational ideology and visions of democracy of british global justice movement organizations［J］. Journal of Pharmacology & Experimental Therapeutics, 2006, 176 (1): 207 –225.

［329］余卫东, 费雪莱. 论斯多葛学派平等思想［J］. 湖北大学学报 (哲学社会科学版), 2013, 40 (3): 26 –29.

［330］孟凡强, 初帅, 李庆海. 高等教育规模扩张是否缓解了城乡教育机会不平等?［J］. 教育与经济, 2017, 33 (4): 9 –16.

［331］Deutsch. Game theory and decision theory in agent – based systems［M］. New York: Springer Us, 1958.

［332］沈惠平. 社会关系网络视角下两岸民众互信的生成与维持［J］. 台湾研究，2017（2）：44 - 51.

［333］Adams J S. Inequity in social exchange［J］. Advances in Experimental Social Psychology，1965，2（4）：267 - 299.

［334］Adams J S. Towards an understanding of inequity［J］. Journal of Abnormal Psychology，1963，67（5）：422 - 436.

［335］Deutsch M. Distributive Justice：A Social Psychological Perspective［M］. New Haven：Yale University Press，1985.

［336］人民论坛编辑部. 习近平总书记关于全面推进依法治国的重要论述摘编［J］. 人民论坛，2017（26）：14 - 15.

［337］Crosby F. A model of egoistic deprivation［J］. Psychological Review，1976，83（2）：85 - 113.

［338］Folger R，Cropanzano R. Organizational justice and human resource management［J］. British Journal of Industrial Relations，1998，37（1）：517 - 518.

［339］Leventhal G S. What should be done with equity theory? new approaches to the study of fairness in social relationships［M］. New York：Plenum Press，1980：27 - 55.

［340］Greenberg J，Ashtonjames C E，Ashkanasy N M. Social comparison processes in organizations［J］. Organizational Behavior & Human Decision Processes，2007，102（1）：22 - 41.

附　录

问卷（一）：个人基本情况（您只需在正确的答案上面打"√"即可）

1. 性别：□男　□女

2. 年龄：□小于或等于 30 岁　□31～40 岁　□41～50 岁　□大于 50 岁

3. 职称：□初级　□中级　□高级　□小教特级

4. 最高学历：□大专及以下　□本科　□研究生

5. 婚姻状况：□未婚　□已婚

6. 是否本地人：□否　□是

7. 是否体育专业毕业：□否　□是

8. 您的教龄：□1～5 年　□6～10 年　□11～15 年　□16～20 年
　　　　　　　□21～25 年　□26～30 年　□30 年以上

9. 您的月工资收入（元）：□1000～1500　□1501～2000　□2001～2500
　　　　　　　　　　　　□2501～3000　□3001～4000　□4000 以上

问卷（二）：工作满意度量表

指导语：请根据您的实际情况对以下问题进行判断，并在相应的数字上打"√"。采用 5 点量表做答，其中 1 = 非常不同意，5 = 非常同意。

题目	非常 不同意	不 同意	没 意见	同意	非常 同意
1. 你对自己所从事的工作的性质感到满意吗？	1	2	3	4	5
2. 你对指导自己的人（你的上司）感到满意吗？	1	2	3	4	5
3. 你对组织中共事的人（你的同事或平级的人）之间的关系感到满意吗？	1	2	3	4	5
4. 你对你的工作收入感到满意吗？	1	2	3	4	5
5. 你对你在组织中能获得的晋升机会感到满意吗？	1	2	3	4	5
6. 考虑到工作中的每个方面，你对你当前的工作情形感到满意吗？	1	2	3	4	5

问卷（三）：自我效能量表

指导语：请根据您在工作中的实际感受或情况，在各题之后相应的数字上面打"√"。其中：1 = 完全同意；2 = 比较同意；3 = 不确定；4 = 比较不同意；5 = 完全不同意。

注意：除非您认为其他四个选项确实不确切，否则请尽量不要选"3"。

题目	完全 不同意	比较 不同意	不 确定	比较 同意	完全 同意
1. 如果我尽力去做的话，我总是能够解决问题的	1	2	3	4	5
2. 即使别人反对我，我仍有办法取得我所要的	1	2	3	4	5
3. 对我来说，坚持理想和达成目标是轻而易举的	1	2	3	4	5
4. 我自信能有效地应对任何突如其来的事情	1	2	3	4	5
5. 以我的才智，我定能应对意料之外的情况	1	2	3	4	5
6. 如果我付出必要的努力，我一定能解决大多数的难题	1	2	3	4	5
7. 我能冷静地面对困难，因为我相信自己处理问题的能力	1	2	3	4	5
8. 面对一个难题时，我通常能找到几个解决方法	1	2	3	4	5
9. 有麻烦的时候，我通常能想到一些应对的方法	1	2	3	4	5
10. 无论什么事在我身上发生，我都能够应付自如	1	2	3	4	5

问卷（四）：职业延迟满足问卷

指导语：请根据您的实际情况对以下问题进行判断，并在相应的数字上打"√"。

1 = 非常不符合　2 = 比较不符合　3 = 比较符合　4 = 非常符合

题目	非常 不符合	比较 不符合	比较 符合	非常 符合
1. 尽管我不感兴趣也会多读跟工作有关的专业刊物或在网上查找资料	1	2	3	4
2. 为了获得同事的欢迎，我宁愿多做一些分外的工作	1	2	3	4
3. 我经常为了更好地完成工作而加班到深夜	1	2	3	4
4. 我总会将自己的事情先放在一边，立即去完成安排的工作任务	1	2	3	4
5. 只要单位有发展空间，从小职员做起或从头再来也没关系	1	2	3	4
6. 在提出自己的观点之前，我总是前思后想	1	2	3	4
7. 为了提升到一个比较高的职位，任劳任怨等上几年也是值得的	1	2	3	4
8. 比起一份薪水高但没有发展前途的工作，我更愿意做一份起薪不高，比较辛苦，但却在未来更有发展前途和高额收入的工作	1	2	3	4

问卷（五）：组织公平量表

指导语：根据该句话与您自己的实际情况相符合的程度，在相应的数字上画"√"，除非您认为其他 4 个选项都确实不符合您的真实想法，否则尽量不要选"3 不确定"。

题目	完全 不符合	比较 不符合	不 确定	比较 符合	非常 符合
1. 与不同性质单位的工作者相比，我所得的报酬是合适的	1	2	3	4	5
2. 与其他同事的工作投入相比，我得到的报酬是合适的	1	2	3	4	5
3. 我所获得的报酬（工资奖金）反映了我对工作所做的贡献	1	2	3	4	5
4. 就我的工作量和工作表现而言，我所得的报酬是合理的	1	2	3	4	5
5. 我们学校的分配制度能够代表大多数人的意愿	1	2	3	4	5
6. 我们学校的分配是有章可循的	1	2	3	4	5

题目	完全 不符合	比较 不符合	不 确定	比较 符合	非常 符合
7. 我们学校的分配是公开和透明的	1	2	3	4	5
8. 学校老师能够参与分配制度的制定过程	1	2	3	4	5
9. 学校的分配都能得到很好的执行	1	2	3	4	5
10. 领导对我的评价是公正的	1	2	3	4	5
11. 我觉得自己得到了领导足够的尊重	1	2	3	4	5
12. 我的工作得到了领导的认可	1	2	3	4	5
13. 领导对我没有偏见	1	2	3	4	5
14. 如果我对分配的过程或结果有意见，领导会给我全面的解释	1	2	3	4	5
15. 我觉得领导对分配过程和结果的解释很有道理	1	2	3	4	5

后 记

本书作为 2017 年度湖南省教育厅科学研究项目优秀青年课题"农村小学体育教师职业延迟满足与工作满意度的关系"（课题编号：17B058）的研究成果，探讨了农村小学体育教师的职业延迟满足与工作满意度，分别调查分析了农村小学体育教师的职业延迟满足与工作满意度的现状与特征，并分析了农村小学体育教师职业延迟满足与工作满意度的关系，以及自我效能对二者关系的中介作用和组织公平对二者关系的调节作用。本研究首次在农村体育教师样本中探讨职业延迟满足与工作满意度的关系，同样首次在职业延迟满足与工作满意度关系中引入中介变量与调节变量，有一定的创新与突破。

"不忘初心，方得始终"。我最初的想法只是探讨农村小学体育教师职业延迟满足与工作满意度的关系，但在分析数据之后直到本书脱稿，我的心情却一言难尽，"任重道远"的责任感经常萦绕于心，托付在肩。因为我采集到的农村小学体育教师的工作满意度的得分差强人意。我内心一直坚持认为近些年来，党和政府已经越来越重视农村教育，农村教师的待遇随之不断提高，生活条件、工作环境等也不断得到改善，各级政府尽可能地对农村教育予以惠民惠利的政策支持。然而，调查结果显示，农村教师这一特殊群体的工作满意度仍然不高。我很想知道原因，以便"对症下药"，从根本上发现提高农村教师工作满意度的解决方法，以助于农村教师队伍的建设与发展。当然，由于本人能力有限，本次的研究成果对于这一领域的研究还远远不够，我还会继续探索，因为我的很多学生在毕业之后都将去往农村地区担任小学体育教师，我总期望自己的研究能为他们呼吁些什么。在中共中央国务院颁布了《国务院关于加强教师队伍建设的意见》与《乡村振兴战略规划（2018~2022年）》之后，我的心中充满希望与期待，农村小学体育教师这一群体能够得到社会各界更多的重视与关怀，这将使农村小学体育教师的师资队伍稳定、持续、健康壮大，从而为农村教育添砖加瓦，甘于且乐于为农村建设蓝图尽个人的绵薄之力。

从构思到课题申报，从调研和数据分析到最终完成书稿，历时近3年时间，本研究的顺利完成，离不开全体课题组成员的共同努力，在此向所有参与此研究的老师和同学们表示感谢。我要感谢我的博士后导师聂劲松教授，是他的指导、鼓励、关心、帮助，使我学到很多知识，这是我顺利完成这本书稿的坚实保障。我要感谢我的家人，我的妻子给了我鼎力的支持，承担起照顾家庭的重任，使我不需要在琐事上分心。经济管理出版社的各位老师也为本书的出版付出了大量的劳动，借此也一并表示诚挚的谢意！

在本书的写作过程中，我参考了许多国内外的学术成果，在此我要向所有作者表示深深的谢意，凡有引用之处我均会加以标注，但亦难免会有疏漏或错误之处，深表歉意，也敬请各位读者与同行专家批评指正！

作者
2018年12月1日